福建省"十四五"职业教育省级规划教材

创新创业启蒙

主　编　何华国
副主编　黄培忠　赵增旭　杨松茂　伍思航
编　委　（排名不分先后）
　　　　韩　婷　高　峰　黄培央　洪应党　梁春芳
　　　　黄晓涌　张少琼　蔡佳伟　杨育青　庄肖峰
　　　　赖雅玲
主　审　陶顺生

中国·武汉

图书在版编目(CIP)数据

创新创业启蒙/何华国主编. —武汉:华中科技大学出版社,2019.8(2025.1重印)
职业教育"十三五"规划教材
ISBN 978-7-5680-5547-5

Ⅰ.①创… Ⅱ.①何… Ⅲ.①创业-职业教育-教材 Ⅳ.①G717.38

中国版本图书馆 CIP 数据核字(2019)第 170749 号

创新创业启蒙
Chuangxin Chuangye Qimeng

何华国　主编

策划编辑:	聂亚文
责任编辑:	白　慧
封面设计:	孢　子
责任监印:	朱　玢
出版发行:	华中科技大学出版社(中国·武汉)　　电　话:(027)81321913
	武汉市东湖新技术开发区华工科技园　　邮　编:430223
录　排:	华中科技大学惠友文印中心
印　刷:	武汉邮科印务有限公司
开　本:	787mm×1092mm　1/16
印　张:	13
字　数:	333 千字
版　次:	2025 年 1 月第 1 版第 3 次印刷
定　价:	49.00 元

本书若有印装质量问题,请向出版社营销中心调换
全国免费服务热线:400-6679-118　竭诚为您服务
版权所有　侵权必究

前言
PREFACE

创新创业是新世纪经济发展的重要推动力。大众创业,万众创新,历史上,从来没有一个时代像今天这样,有如此多的人热衷于研究创业,学习创业方法,并投身到创业的洪流中去。创新创业不仅是个人实现理想的途径之一,也是一个国家兴旺发达的不竭动力,是时代的产物,是新世纪对社会发展的新要求。

如今创业公司如雨后春笋般拔地而起,无数拥有创新梦想的人们加入到创业的大军中。然而随着社会的发展,创业环境不断变化,能屹立不倒的企业少之又少,有公司成功创立,也有公司倒闭,创业的成功率极低。错综复杂的创业环境中,创业者需要汲取前人的经验教训,学习最新的创业知识,改变创业思维,应用最新的创业方法。

本书力求体现以下特点:

(1) 以创新为主、创业为辅。循序渐进,导入大量案例,并辅以案例分析,不讲抽象难懂的理论,只讲怎么去做。贯穿实践任务,在行动中学习和思考,升华思想,总结理论。全书语言生动活泼,内容适用且实用。

(2) 体系完整。以学生发展为本的思想贯穿始终,涵盖了创新思维、创业基础、环境分析和创业选择、市场定位与营销、商业计划书、企业运营全系列,在潜移默化中渗透了创新创业的整个体系,重视系统性和完整性。

(3) 模块教学。考虑到学生实际情况,为适合教学需要,适宜实施学分制和弹性学制,每章内容成为相对独立的模块,教师可以根据学时和实际需要选取合适的模块进行针对性的教学。

(4) 重点突出。国内此类图书多强调创业理论,但创业失败十之八九,创业不是重点,创新才是重点,训练创新思维是重中之重,使学生能通过学习认识自我才是本书重点。

怀有创业憧憬的人,或许曾在心底有很多疑问:创业需要准备什么?好的创业创意有哪些?如何撰写创业计划书?天底下,成功没有绝对的方程式,创新创业需要学习和摸索,所谓天时地利人和,对于创业而言也是适用的。本书从创业时机、创业环境、创业资源的整合等多个方面进行了阐述。本书包括八个章节,分别为:创新创业,其实没那么难;打开脑洞,每个人都能创造奇迹;直面自己,创业改变人生和世界;站在风口,猪都可以飞起来;审时度势,正确的时间做出正确的事;知己知彼,精准市场定位与营销;创业,从纸上谈兵开始;实战,创办一家公司。本书以转变创业思想,掌握创新创业方法为基础,以提升创业精神、创业意识和创业能力为核心,内容系统、全面,语言通俗易懂,案例丰富。

本书可以作为职业院校学生创新创业的指导手册,也可以为广大有志于创业的人群提供一定的参考和借鉴。

本书由何华国担任主编;黄培忠、赵增旭、杨松茂、伍思航担任副主编;韩婷、高峰、黄培央、洪应党、梁春芳、黄晓涌、张少琼、蔡佳伟、杨育青、庄肖峰、赖雅玲担任编委；陶顺生担任主审。作者参考了一些关于创新创业的资料，并结合多年来对创新创业的研究和实践，最终完成本书，在此，对相关文献作者表示感谢。创新创业的学习和实践需要不断完善，本书也许会存在不足之处，恳请广大读者批评指正。

创业是实践，只有在行动中才会找到属于自己的道路。长风破浪会有时，直挂云帆济沧海，愿所有创业者都能开辟出一片自己的天地！

编　者

2019 年 9 月

目录
CONTENTS

第一章 创新创业,其实没那么难 1
    第一节 我们的时代需要创新创业 3
    第二节 在行动中创新创业 11

第二章 打开脑洞,每个人都能创造奇迹 17
    第一节 怎样才能打开脑洞 19
    第二节 创新思维的训练 26

第三章 直面自己,创业改变人生和世界 35
    第一节 认识创业 37
    第二节 创业者的基本素质 46
    第三节 创业者必备的能力 55

第四章 站在风口,猪都可以飞起来 67
    第一节 寻找风口行业 69
    第二节 技术创新与商业模式创新 77
    第三节 改写商业规则 81
    第四节 新兴产业无限商机 87

第五章 审时度势,正确的时间做出正确的事 95
    第一节 创业的机遇与挑战 97
    第二节 选择创业模式 104

第六章 知己知彼,精准市场定位与营销 109
    第一节 用户第一 111
    第二节 市场调查与评估 116
    第三节 市场细分与定位 121
    第四节 构建自己的营销模式 127

第七章 创业,从纸上谈兵开始 137
第一节 了解创业计划书 140
第二节 创业计划书编写宝典 163

第八章 实战,创办一家公司 169
第一节 组建创业团队 172
第二节 打造产品和模式 179
第三节 公司注册与运营 188
第四节 创新力量:找不同,才能活下去 198

第一章
创新创业,其实没那么难

CHUANGXIN
CHUANGYE
QIMENG

新时代的青年正处于创新创业的黄金时代

扫二维码看视频,央视网新闻联播——新时代·新青年:不负时代,在创新创业中服务社会。

新时代是创新创业的黄金时代,一系列有力的政策和措施,给青年们搭建起一个施展才华和展示能力的舞台。新时代的青年创业者们,正奋力描绘着属于新时代、新青年的中国梦。新时代为青年证明自我、建功立业提供了更广阔的平台和更多的机会,围绕促进经济发展和提高生活质量,组织青年创业者们创新创业创效。伴随着互联网+的浪潮,新时代的青年创业者正为实现人们生活水平的不断提高而努力,成为带动"大众创业、万众创新"的新一代领军人。

2015年以来,党中央国务院和地方各级政府相继出台多项双创扶持政策,在工商登记、知识产权、税收等方面为青年创业者们提供便利服务。数据显示,现在中国平均每天有1万多家企业进行工商注册登记,每分钟会诞生7家企业。真格基金创始人徐小平(见图1-1)直言,目前中国创业者正进入黄金时代,而在这批创业大军中,不乏年轻学生的身影。

在经济新常态下,在"大众创业、万众创新"的浪潮中,有梦想、有激情的青年人脚踏实地地去奋斗,将更多的奇思妙想转化为现实生产力,为中国经济发展输入源源不断的动能。

图1-1 徐小平

本章根据对知识的掌握程度、运用知识解决问题的能力和拓展创新的能力进行考核和评价。采用自我评价、小组评价和教师评价相结合的评价方法,根据知识结构和内容,以及完成主体的不同,具体分10个评价项目分别对个人和小组进行考核评价,考核评价表如表1-1所示。

表 1-1 考核评价表

评价项目	评价内容	分值	自我评价	小组评价	教师评价
创新创业是时代需要	国家创新创业战略的掌握	10			
	地方创新创业政策的掌握	10			
	知识经济的理解	10			
	培养创新人才	10			
创业行动	创业的关键在于行动	10			
	创新是创业的核心与本质	10			
知识应用能力	创业前期的准备工作	10			
	针对项目有效创新	10			
创新拓展能力	创新的规律与模式	10			
职业素养	出勤、纪律、团队协作	10			
总　评					
个人学习总结					
教师总评					

学员签字：　　　　　　　　　　　教师签字：

第一节　我们的时代需要创新创业

宿舍创业，大疆无人机 7 年成全球第一

大疆创始人汪滔（见图 1-2）创造了一家全世界都在追赶的中国公司。大疆创新科技有限公司的目标受众从业余爱好者变成主流用户，而且它在这一过程中能占据市场的主导地位，这种成功的案例在科技行业发展史上实属罕见。

2014 年，大疆售出了大约 40 万架无人机。

图 1-2 大疆创始人汪滔

2015年,大疆的净利润由2012年的800万美元增长至2.5亿美元。如今,大疆在全球消费级无人机市场的份额达到70%。

无人机正成为科技行业的"下一个大事件",而现在所有竞争对手都在追赶大疆的脚步。

汪滔是一个像乔布斯的工作狂。他每周工作80多个小时,办公桌旁边放着一张单人床,办公室门上写着两行汉字——"只带脑子"和"不带情绪"。他恪守原则、言辞激烈,又相当理性。如今作为坐拥4000名员工的大疆掌门人,他丝毫不敢懈怠,工作态度就像他2006年在香港科技大学宿舍中创建大疆时一样,一丝不苟。

大疆或许会成为第一家引领全行业发展潮流的中国企业,正是由于这种主导地位,有媒体将大疆与苹果公司相提并论。但对于这种赞誉,汪滔似乎并不太在意。《华尔街日报》称大疆是"首个在全球主要的科技消费产品领域成为先锋者的中国企业"。

大疆的官网上,写着这样的话:我常常在想,皇帝穿着所谓最美的新衣游街,却只有孩子敢指出真相。而现在的社会有那么多的问题,却连敢大声指责的孩子都没有了。

事实上,没有不需要埋头苦干就能获得的成功,没有只靠PPT就能得到的财富,没有从天而降的高科技。追求卓越,需要无数苦思冥想的深夜,需要连续工作72小时的执着,更需要敢于大声说出真相的勇气。

我们的经历证明,一个初出茅庐的年轻人只要不曲意逢迎,不投机取巧,而是踏实做事,就一定能取得成功。我们相信,那些回归常识、尊重奋斗的人,终将洞见时代机遇,并最终改变世界。

中国每天有1万多家公司注册,平均1分钟诞生7家公司。然而,大疆这样的创业团队我们永远不嫌多,汪滔这样的创业狂人我们永远欢迎,因为这才是中国企业的未来和希望。

以下是汪滔的两段创业感悟。

"日本的工匠在不断追求完美。中国人有钱,但是产品却很糟糕,服务亦是如此。如果要造出好产品,你必须付出更大的代价。"

"我很欣赏史蒂夫·乔布斯(Steve Jobs)的一些想法,但世上没有一个人是让我真正佩服的。你所要做的就是比别人更聪明——这就需要你与大众保持距离。如果你能创造出这种距离,意味着你就成功了。"

(案例来源:http://www.qncye.com/gushi/chenggong/052418412.html)

大疆无人机的成功离不开创新。当无人机硬件到达某个水平的时候,汪滔开始做应用软件。目前有一些无人机品牌硬件可以达到标准,但是软件水平与大疆相距甚远,这正是大疆无人机几乎处于垄断地位的原因。毫无疑问,大疆无人机就是如今所提倡的中国创造的代表,未来中国应该有更多这样的公司,使中国品牌走向世界,让国人骄傲!

为什么大疆无人机可以独霸全球70%的市场份额?和很多企业不同的是,大疆科技更多的是关注自己的产品。将无人机应用范围延伸到民用市场,在全球范围内都没有过多的尝试,在技术和市场模式上更没有先例可循,大疆的创新创业可谓举步艰难,只能摸着石头过河。然而其可贵之处在于,大疆敢于沿着既定方向进行执着的探索。从走出发烧友的圈子,到启动民用市场,大疆一直本着原创精神,独立研发前沿技术,从而在国际市场上站稳了脚跟。对"跟风"型企业而言,这种创新能力是无可比拟的。

关键词:创新创业、知识经济、创新人才

创新创业是强国之基。十八大以来,党和政府注重历史和现实、理论和实践、国内和国际的结合,以实现中华民族伟大复兴的中国梦为使命,就深入开展创新创业的战略思想和举措多次发表了重要讲话,提出一系列重大改革,着力激发高新技术人才、高技能人才等的创造潜能,促进科学创新成果向生产力转化,有效推进了创新创业的高速发展。

一、创新创业是国家的重大战略

当前,党和政府正以创新创业为驱动,推动经济增长,引领科技进步,这是促使我国从经济大国迈向经济强国的重大举措。

十八大以来,国家多次提出科技创新是促进经济发展的第一推动力。我国早已成为世界经济和贸易大国,但GDP规模大而不强,增长速度快而不优,特别是一些行业的核心技术受制于人的被动局势并没有发生实质性改变。在当今世界竞争激烈和我国经济转型的形势背景下,没有科技创新,依旧无法摆脱过多依靠资本和劳动要素的投入来推动经济发展的途径,更难以实现可持续的健康稳定的发展,因此,以科技创新推动经济增长是我们的必然选择。

"双创"战略——中国经济转型必然抉择

我国创新创业新格局的嬗变有着深刻的历史逻辑。从世界范围看,当今全球进入了大数据、云计算、物联网新时代,经济发展动力进入了以颠覆性技术创新为主导的历史阶段。正在出现的全球新一轮科技革命和产业变革,与我国加快转变经济发展方式的"新常态"形成历史性交汇。随着人口红利减少、生产要素成本上升、资源配置效率和要素供给效率下降,中国比以往任何时候都需要通过创新来提升国家竞争力,避免"中等收入陷阱"的隐患。

2015年10月,李克强总理在政府工作报告中将"大众创业、万众创新"上升到国家经济发展新引擎的战略高度(见图1-3)。近一段时期以来,围绕"双创",国家相继出台了《中共中央国务院关于深化体制机制改革加快实施创新驱动发展战略的若干意见》《国务院关于大力推进大众创业万众创新若干政策措施的意见》等一系列指导文件,中央地方各级政府从企业登记、创新孵化器、风险投资、融资、税收等多方面出台了鼓励政策,为创新创业"松绑"。

图 1-3　李克强总理出席全国大众创业万众创新活动周

创新创业"新引擎"正加速发力,我国科研投入迅速增长。根据联合国教科文组织《2015年科学报告:面向2030》,我国研究与试验发展(R&D)经费投入占全球比重达到20%,仅次于美国的28%,超越欧盟的19%和日本的10%,位居全球第二。在新一代信息技术的爆发以及众创、众包、众扶、众筹等新模式促动下,草根创新、蓝领创新、创客活动大量涌现。尤其在五中全会对塑造创新引领型发展做出重要部署后,创新创业的春天正在到来。

(案例来源:http://www.xinhuanet.com/politics/2015-12/09/c_128511413.htm)

目前,我国科技创新水平与世界主要的发达国家相比,仍然有很大差距,科技创新在经济增长中的推进作用还不是特别明显,经济增长更多是依靠劳动力和资本要素的投入。制度改革需要跟进,向先进的发达国家学习,持续优化我国的科技创新环境迫在眉睫,以科技创新推动国家经济转型和发展将是我们的必然选择。

二、知识经济时代需要创新

创新是知识经济时代的核心,来自企业的各个层面。创新包括观念创新、制度创新、管理创新和技术创新,要求人们敢于否定自我,放弃已经落后的观念,突破现有的工作方法和思维定式,树立新的观念。只有这样,才能在世界经济的发展中实现强国之梦,使中国不仅成为世界经济大国,更成为世界经济强国。

改革开放以来,我们国家的经济实现了飞速增长,GDP总量在全球位居第二,确立了经济大国的地位。很多行业如鞋服、建材、化工和电子产品等出口量飞速增长,然而高新技术和自动化技术含量较高的重点行业如机电产品的出口增速却在下降。我国的钢铁产量为世界第一,然而代表行业最高技术水平的冷轧薄宽带钢和电工钢板却仍需要从其他国家进口。我们国家很多行业虽然造就了一批巨无霸企业,但大而不优,相当大部分企业无"芯",即没有核心技术,在各种贸易摩擦中处处受制于人,无法从根本上保障国家和企业的利益。依赖出口导致的逐年增长的贸易顺差也意味着贸易不平衡矛盾的激化,以致国内外经济环境趋于紧张,必然制约我国经济的增长。中国每年对外出口总额达到5000多亿美元,这个惊人数字的背后潜藏着我们的隐忧——真正拥有自己品牌的还不到10%,充分表明了我国对外贸易存在的隐患。

不可否认,中国的企业和产品将在全球经济舞台上扮演越来越重要的角色,但同时我们必须清醒地认识到中国大多数品牌和产品无"芯"、无"脊梁",核心技术受制于人,产品大部分利润实际上被拥有核心关键技术的国外企业拿走。目前我国大部分企业仍然只是全球经济产业链条上的一个生产车间,在全球激烈竞争的市场环境中普遍缺乏核心竞争力。

美国制裁中兴事件带给我们的一些启示

美国商务部在2018年4月16日宣布,将禁止美国公司向中兴通讯销售零部件、商品、软件和技术7年,直到2025年3月13日。理由是中兴违反了美国限制向伊朗出售美国技术的制裁条款。由于美国公司在这7年内都不得卖东西给中兴,对中兴而言,未来不论是产品开发、规划、制造、销售等环节都会受到极大的影响,中兴的发展无疑将被重挫。

现年76岁的中兴创始人侯为贵(见图1-4)也常对员工说:"一个国家、一个民族,要想在世界上真正立足并赢得国际社会的尊敬,必须在高科技创新领域占据一席之地。"

图1-4 中兴创始人侯为贵

看似很强大的中兴,产品中最为核心的芯片(手机芯片、FPGA芯片、射频芯片、模拟芯片),却全部都依赖于高通、Xilinx、Skyworks、博通、英特尔、德仪等美国科技巨头。不能采购这些芯片,意味着中兴无法生产产品,这家目前市值和年营业收入都超过千亿的堪称巨无霸的科技企业,眨眼间就陷入了生死存亡的境地。

挂印已经近两年的中兴创始人,76岁的侯为贵,都不得不再次出山,拖着行李远渡重洋,为危在旦夕的中兴和9万多名员工在美国四处奔走。如果真的要到2025年才能采购芯片继续生产,那么等待中兴的可能就只有谁也不愿意看到的结局。所幸的是,经过国家层面的谈判斡旋,美国终于松了口,同意有条件(中兴缴纳13亿美元的罚款,接受美国合规官进驻等)撤销禁令。

尽管这些条件无论怎么看都显得有些屈辱,但不管怎样,在国家的帮助下,中兴通讯总算险险地逃过一劫,避免了因为禁令而轰然倒下的唏嘘结局。

(案例来源:https://wemedia.ifeng.com/57490254/wemedia.shtml)

中兴事件深深地刺痛了国人的心,缺芯之痛引发了大范围的反思和讨论。美国的突施禁令,中兴通讯看似强大的羸弱,给各行各业猛地敲响了警钟,其声振聋发聩。尽管之前业界就有很多要重视芯片研发的呼吁和警示,但直到中兴事件发生,大家才终于意识到没有芯片的强大是只大不强的,芯片的研发看似只见投入不见产出,其实才最关乎产出,看似和"钱景"无关的研究和开发,其实才是最关乎"前景"的。

三、创新人才

创业成功的关键在于创新,没有创新的企业是没有希望的企业,未来企业成功的关键在于培养创新人才。我国已进入高质量发展阶段,各行各业都需要创新人才,各项政策和服务能否把人才留住,直接关系到持续发展的活力与后劲。如果企业拥有掌握核心技术的创新人才,就拥有推动企业发展的动力和优势。在这一背景下,如何实现技术创新突破、产业转型升级,已成为各地经济发展必须要面临的问题。而这个问题无论用什么办法破解,都绕不开人才这一关。

当前,全国迎来了新一轮的人才竞争。人力资本和各地区产业结构调整及发展紧密相连。人才是经济转型、产业升级的关键要素,有什么样的产业链决定了有什么样的人才,现在也可以倒过来说,即什么样的就业人才决定了有什么样的产业链。如果某个区域有了创新人才的高地,那么这个区域未来必然会成为产业创新的高地,创新人才会对区域长远的转型、创新发展提供不竭的强大驱动力。

多地开辟"绿色通道"吸引创新人才

北京发布《北京市引进人才管理办法(试行)》,为优秀人才进京开辟"绿色通道";上海发布人才高峰工程行动方案;西安出台户籍政策2.0版本,通过手机即可完成落户……最近一段时间,诸多城市纷纷推出人才引进政策,展开了新一轮人才争夺战(见图1-5)。中国人民大学商法研究所所长刘俊海向《中国商报》记者表示,竞争是市场经济活力之源,人才竞争也当属其中。

值得关注的是,科技创新人才已成为各地的核心目标。

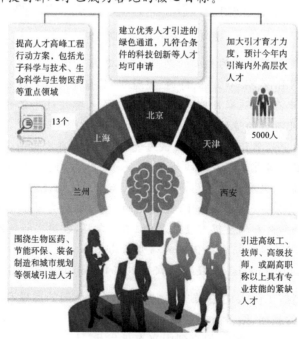

图1-5 为吸引创新人才,各地纷纷放大招

北京市发布的办法提出,要加大科技创新、科技创新服务、文化创意、体育、金融、高技能等人才引进力度。

浙江义乌对入选"义乌英才"计划的高层次创业、创新人才和社会事业发展紧缺人才,5年内分别给予最高5000万元、2000万元、400万元的奖励。

徐州出台顶尖人才引进计划,对引进培育的诺贝尔奖、中国或发达国家院士等顶尖人才,将简化程序,一事一议,最高可给予1亿元的项目资助。

南京对引进培育的诺贝尔奖、中国或发达国家院士等顶尖人才(团队)(A类),最高给予1亿元项目资助,给予顶尖人才个人最高500万元奖励,核心成员(不超过5人)每人最高100万元奖励。南京市财政3年内给予顶尖人才每月2万元的特殊人才补贴。

自2016年以来,已有多个二线城市相继出台力度罕见的人才吸引政策,通过购房补贴、落户入编、创业扶持等筹码引智引才。在二线城市发展环境转好、"留人政策"诱人的情况下,高校毕业生的"一线城市情结"明显松动,越来越多的人将成都、杭州、武汉、重庆等"新一线"城市作为就业首选。据智联招聘去年年中发布的调研报告显示,2017年应届毕业生签约"新一线"城市的比例与北京、上海、广州、深圳四城持平。此外,这些毕业生中希望到"新一线"城市就业的比例达37.5%,高于希望到一线城市就业的29.9%。从流入数据来看,杭州人才流入率高达11.78%,力压北上广深位居榜首。

(案例来源:http://news.zgswcn.com/2018/0328/823991.shtml)

对城市来说,最宝贵的是人才;而对人才来说,最吸引他们的是广阔的空间与无限的可能。任何城市都没有理由拒绝有足够的能力和才华的人才。即便是一线城市,也需要争抢人才。

创业前期的准备工作

成功属于有准备的人,想要创业成功,就必须在创业之前进行大量的准备。创业不仅仅是注册并经营一家公司这么简单。要想使你的创业项目得到长久发展,在创业之前,你还需要做好这几项准备工作。

一、商业模式的定位

成立一家企业,创始人首先要有自己的构想以及理念。构想+理念,是创业者对公司的初步设想。有了初步设想之后,则要考虑如何组建自己的团队,如何从硬件和软件上去搭建企业框架,如何研判企业未来的发展前景,确定企业的发展方向。一步步地定位、实践,犹如抽丝剥茧,一层层地将创建企业的各个方面都考虑到。

二、目标的确立

创业的目标除了盈利,还有理想。利润的目标会给创业者及团队带来基本的工作动力,但仅仅如此,还不能完全调动团队的活力。因而还需要有理想的目标,理想的目标有助于调动团队的思想。创业本身应该具有理念,理念会带动很多新的产品创意和实践冲动。如阿里巴巴的创业目标:让天下没有难做的生意!

三、创业者的素质评测

决定创业之前,还需要问问自己,是否能够承担以下风险。

(1)你是否愿意投入一生的精力去做一件事情?无论途中有多少艰难曲折,都能做到不抛弃、不放弃？

（2）你是否能够忍受3年、5年,甚至更长一段时间没有工资或其他收入来源？

（3）你是否能够承受像背着家人在钢丝上跳舞一般的风险？家人是否会一直支持你？

（4）你的身体是否能一直承受每天近20小时的工作？能否忍受没有周末、没有假期、起早摸黑,连家人都难得一见的生活？

四、创业步骤的规划

创业需要进行全面的规划,这样在进行每一个步骤的时候才会不慌不乱。创业项目如何定？资金从哪里来？合伙人怎么找？设想打造什么样的团队？产品的市场营销怎么做？怎么卖出产品？诸多问题,创业者需根据实际情况做出规划。

五、做好放弃的准备,设置投资上限

创业过程就是一个冒险的过程,过程中刺激、艰辛、收获等并存。但创业者需要提醒自己,任何创业都需要有度,过犹不及。给自己的项目设置一个创业资金上限,无论发展到什么状况,只要不能自负盈亏,就及时终止,否则失败的不仅是项目,还有人生。

六、一个好的创意

一个好的创意,是创业成功的基石。在开始创业之前,弄清自己的项目有哪些亮点或者创新之处。只有保持创意,才有可能独树一帜。

▶ 我的目标和行动

第二节 在行动中创新创业

从立场到行动：摩拜单车的故事

共享单车的商业模式，不像中国大多数互联网创业项目那样借鉴或直接搬用了国外的成功模式——比如滴滴借鉴Uber、腾讯借鉴ICQ、阿里巴巴借鉴ebay、微博借鉴twitter、百度借鉴google。摩拜单车这个概念、产品以及服务都是中国人首次推出的。

摩拜诞生于中国，创始人是一名在汽车行业待了10年的85后女记者胡玮炜（见图1-6）。让我们跟随她发现这门生意的思路，讲述摩拜诞生的故事。

图1-6 摩拜创始人胡玮炜

车多、路堵、地铁挤，这是摆在大城市生活的所有人每天都要面对的痛点。痛点在哪里？三个字：出行难。

北京约有3000万人，经过数据统计，每天大约有7500万人次需要进行物理移动，这7500万人次的移动当中，大概有1/3是小于5公里的物理移动。5公里范围内的移动，最好的方式就是骑自行车，虽然这需要花费20~30分钟的时间，但是开小轿车上路的人群会减少30%~40%，对交通拥堵是一个极大的舒缓。

但是问题还没有完全解决，很多人在5公里内的出行依旧没有选择自行车。这是为什么呢？

第一是不便宜。质量好一点的自行车动辄几百上千的价格，对很多人来说，足够挤几个月甚至几年的公交、地铁了。

第二是不方便。你骑自行车去一个地方，很可能办完事还要坐车去其他的地方，这时候你就得考虑这辆自行车放在哪？该怎么办？

第三是有风险。网上一个调查表明，基本上每个中国人一辈子平均要丢4辆自行车。甚至有很多人因为怕丢,骑车回到家后还要费力地把车搬上楼。

第四是长期的维护成本。自行车需要维护,上油、打气、换胎,很多人觉得不值得。

为了解决这些问题,缓解交通压力,为最后5公里的出行带来便利,各地政府做了很多的工作。在很多一线城市早就有公共自行车了,它们不需要维护,不需要担心丢失,但还是有一个痛点没有解决,那就是不方便。

一次,胡玮炜在杭州看到了路边的公共自行车,喜欢骑自行车的她虽然很想租一辆自行车在城市里游荡,但是却不知道怎么租车,怎么交押金,去哪里办卡。公共自行车还有个问题,就是借车和还车都必须找自行车桩。如果你借车的地方有车桩而目的地没有,那就很麻烦了。这种看似简单,实则还是有些麻烦的公共自行车,一直是一个流行不起来的鸡肋产品。

现在已经是移动互联网时代了,互联网支付已经那么方便了,为什么却骑不了一辆自行车?这时候一个创业的点子在胡玮炜的心里萌芽,如果在任何一个地方,出门就有自行车停在那里,扫码就能开锁,随用随停,岂不是很方便?

一个伟大的点子,再加上创始人的运作和投资人的介入,一桩改变世界的生意就这样成了。

(案例来源:https://www.jianshu.com/p/bdfaf5328235)

案例分析

很多创业者都会思考一个问题,创业达到一个什么样的情况才算成功?估值超过30亿美金算创业成功吗?答案是肯定的。但是,对创业者来说,开始创业之前必须要弄清的首要问题是,创业的立场是什么,能为消费者解决什么痛点?这些问题思考清楚后,创业的过程和行动可能是更重要的。作为女性创业者的代表,胡玮炜身上有着成功创业者的普遍特质:种下一颗希望的种子,在行动中全身心的付出。成功的核心关键正是这种纯粹的、不耍小聪明的态度,赢得这个世界的永远不会是那些看起来精明的人,而是那些看似笨笨的、迟钝的,一步一个脚印地做事,付出实际行动的人。

关键词:创业、创新、行动

一、创业的关键在于行动

古往今来,能成就一番大事者,都是思想的践行者。任何优秀的创业构思,只有付诸行动才能取得最终的成功。老一辈艺术家们流传着这样一句行话:"光说不练是假把式,光练不说是傻把式,又练又说才是真把式。"点子和行动要有机地结合起来才能产生最好的共鸣。在这个注重执行的年代,要想在创业中得到认同,就不能做"语言上的巨人,行动上的矮子",而必须用实际行动来证明自己。

日本休闲服饰品牌优衣库的创始人柳井正在谈起自身的创业体会时,说过这么一句话:"所有的商业行为其实都是冒险,只有承受越大的风险,才有可能获得越多的利益。"为此,柳井正在2003年写了一本名为《一胜九败》的书,书中有这么一段话:"创业不需要有什么特别的资质。我认为几乎所有人都能创业,重要的是自己做做看。不论失败几次都不气馁地持续挑战,在这样的过程中,就能培养出一位经营者。"美国著名软件公司甲骨文的CEO埃里森在耶鲁大学演讲时说："我，埃里森，这个行星上第二富有的人，是个退学生；比尔·盖茨，这个行星上最富有的人，是个退学生；艾伦，这个行星上第三富有的人，也退了学；戴尔，这个行星上第九富有的人，也是个退学生……"怎么搞的，有没有弄错，难道这些巨富大腕学业都不咋的，那他们又是凭什么成功的呢？其实他们的成功除了在于具备专业背景外，更在于具备了创业者所必须具备的行动基因，创业的关键是快速行动并持之以恒。

"敢想敢为"——年轻创业者走向成功的法宝

我想了一晚上，第二天早上还是决定干，哪怕24个人全反对我也要干。

——马云

毕业后分到杭州电子工学院教英语的马云，随心所欲的授课方式被学生喜欢得不行。但他还是决定要往创业这个坑里跳下去。

"因为英文不错，有很多人想找我做翻译，但我白天要上课，没时间去做翻译，我校很多老师退休以后在家里没事干，工资又少，所以我想成立一个翻译社作为中介。那时候没有把赚钱放在第一位，总觉得做这件事情挺好的。"马云对那年的创业冲动有这样的解释。

如果不是1995年那次在美国遭遇internet（因特网），也许此后伴随马云一身的荣耀都只是和那个海博翻译社有关了。

"我走的时候浙江广播电台请我去做客，我那天一早就去跟校长说我要离开学校了。他刚从斯坦福回来，跟我说：'你什么时候想回来就回来，我一定同意。'我当时说，我现在不会回来，如果要回来的话那也是10年以后的事儿了。"于是特立独行的马云挥挥手，放弃了那些学校里让无数人羡慕的一切——地位、身份和待遇，毅然下海。

对于当时自己为什么走得那么决绝，多年以后，马云是这样解释的："我自己已经30岁了，我要去做一家公司，不管做什么公司，只要有一个行业，我一定跳下去。"

正是因为敢想敢为的勇气和持之以恒的行动力，尽管之后经历过被骗，经历过创业失败，马云依然没有改变他的初衷，最终他回到杭州，创办了阿里巴巴——中国最大的电子商务交易平台，一个给他带来无数光荣与梦想的企业。如果没有"跳下去"的果敢与行动上的坚持，马云和互联网是不会有联系的。

二、创新是创业的前提和基础

创新是创业的前提和基础，创业的成功离不开创新，创业与创新是相辅相成的过程。波得·德鲁克说过："创业精神是一个创新的过程，在这个过程中，新产品或服务的机会被确认、被创造，最后被开发出来产生新的财富。"可见，创新对创业的开展至关重要，创新是创业成功的核心关键。

当今世界正面临前所未有的变革，技术变革正颠覆着各行各业。技术推陈出新的速度之快远远超出我们的想象，创业要想取得成功就必须对创新趋势做出有效的判断。创业过程中的竞争不再像早期一样仅依靠资本优势和廉价劳动力，能够在创业过程中保持优势并使企业长期发展下去的唯一方法是持续不断地创新。

创新改变世界——乔布斯的创新启示

乔布斯于1976年创立美国苹果电脑公司,2007年更名为苹果公司。截至2014年6月,苹果公司已经连续三年成为全球市值最大的公司。

乔布斯曾推出了多款被称为具有"划时代意义"的产品。2007年,苹果发行新一代iPhone,虽然当时因可安装的app极少,并且诺基亚拥有强大的影响力以及Symbian拥有极高的市场占有率,iPhone并不被看好,但它至少有两点设计被沿用至今:多点触控和home键,这两项功能成了现在每一台智能手机的标配。现在苹果又推出了Face ID功能,并向全面屏进军,率先改变手机的外观。

2009年,在高清视频还是稀有物的时候,乔布斯就推出了世界上第一款可硬解1080P视频的手机——iPhone 3GS。2010年,苹果发布iPhone 4,iPhone 4在保持屏幕大小不变的情况下把分辨率提高到了960×640,这使得它的PPI达到326,成为当时显示屏最清晰的手机。

毫不夸张地说,苹果的产品适应移动互联网时代的发展,同时促进移动端智能化的进程。乔布斯说:"你的时间有限,所以不要为别人而活,活着就是要改变世界。"作为当今世界最受尊敬的CEO之一,作为苹果的掌舵者,他的确改变了世界,活出了自己的风采。

如今,苹果公司在科技领域的硬件、软件以及用户界面和外观设计上都堪称完美,它在诸多领域的优势地位已扩展到现代生活的各个方面,并逐步改变着人们的生活方式,其勇于创新的改革理念已成为科技业界的典范。同时,苹果创新的理念也开始渗透到科技之外的文化领域,它已经代表一种生活品位,成为一个时尚符号。

如何实现有效创新

在开发任何一个新产品或者新项目之前,应事先确定新产品或新项目的影响要素,通过开展头脑风暴,科学系统地考虑各种影响要素的处理方法,有针对性地发散思维,以获取创造性的构思,并通过进一步筛选、改进以达到创新认定的目标。我们可以试着通过对以下9组问题展开思考来激发创新思维。

(1) 产品是否有新的用途?是否有新的使用方式或者能改变现有的使用方式?如手机从打电话的单一用途发展到在各个领域的广泛使用。

(2) 市场有无类似的产品?这些类似的产品能否激发我们产生新理念?如何模仿?怎么超越?如飞机的诞生就是受到鸟类飞翔的启发。

(3) 产品可以增加哪些功能(从时间、尺寸、强度、性能、成分上考虑)?如从洗衣机到烘干机,再到烘洗一体机。

(4) 形体能否缩小、分割,质量能否减轻?如从台式电脑到笔记本电脑再到平板电脑。

(5) 能否改动款式、类型、颜色、声响、气味、外形等。如汽车从原来的单一款式到现在的不同外形、不同颜色。

(6) 能否扩大用途,延长寿命,增加强度,附加部件,节省材料等?

(7) 能否采用其他的材料、工艺、技术、方案、规则等代替原有的?如用电池、马达代替发条,使玩具、闹钟等产品的使用时间延长。

（8）能否改变各组成部件的位置？如早期的飞机螺旋桨安装在飞机头部,现代飞机将喷气式发动机装在尾部,而直升机则把螺旋桨安装在飞机顶部。

（9）能否重新组合、配套等？如为远视的老年人阅读需要而设计的双焦距镜片,就是把两种不同的镜片组合为一体。

我的目标和行动

第二章
打开脑洞,每个人都能创造奇迹

CHUANGXIN
CHUANGYE
QIMENG

本章导入

关于创新创业都有哪些脑洞?

扫二维码看视频:罗振宇"时间的朋友2017"跨年演讲!

熊彼特教导我们:"创新是解决问题的能力。"

创业家牛文文说:"中国所有的生意都值得重做一遍。"

打开脑洞,每个人都能创造奇迹,今天你动脑了吗?

教学评价

本章考核和评价的内容为学生是否能认识并理解几种创新思维的训练方法。让学生以小组为单位,通过收集和学习资料,确定跟创业相关联的主题,自行组织并开展创新思维训练,并根据训练情况,对小组进行考核评价,考核评价表如表2-1所示。

表2-1 考核评价表

	评价项目	评价内容	分 值	小组评价	教师评价
创业项目书	脑洞大开	是否符合国家政策和相关法律	10		
		是否契合科技进步和社会发展	10		
	创新思维训练	是否能区分各种思维方法	10		
		是否采用过创新思维的训练方法	10		
	头脑风暴会议	主题是否关联创业项目	15		
		是否遵守限时限人原则	15		
		是否遵守延迟评判原则	15		
		会议后的评估	15		
		总 评			

个人学习总结	
教师总评	

学员签字: 教师签字:

第二章 打开脑洞，每个人都能创造奇迹

第一节 怎样才能打开脑洞

旧瓶盖的新故事

人在10岁时能做什么呢？一个美国小女孩在她10岁的时候就开始了创业的历程，在13岁的时候就赚到了人生第一个百万美元。创业的开始就是凭着一个脑洞，小女孩用她的亲身经历告诉人们：脑洞可以赚到钱，还是不少钱。这个创业脑洞是关于旧瓶盖的新故事。

这个小女孩的名字叫Maddie Bradshaw。她在一些废旧的瓶盖上涂涂、画画、写写，再用绳子将它们穿起来做成项链和发带的样子，当作装饰品销往全球。Maddie不仅功课好，还是学校各个运动项目的主力成员，其中包括游泳、网球、曲棍球。除此之外，Maddie还非常热爱艺术。10岁的她每天在学校都过得很开心，但有一件事一直困扰着她——学校的储物柜实在是太难看了。因此她萌发了亲自动手改造储物柜的念头。念头转化为行动，她找来了很多装饰品，但不是太丑，就是太大众。正当没有什么能符合她的脑洞时，有一天，小女孩去了她叔叔家，这个叔叔爱好环保，喜欢收藏有意思的东西。Maddie在他家发现了一堆瓶盖（见图2-1），引起了她的兴趣，激发了她的灵感，她拿起一个瓶盖，在背面画上爱因斯坦，正面连了块磁铁，最后堂而皇之地贴在储物柜里（见图2-2）。同班同学看到后都很兴奋：太酷了！超想要！可以帮我弄几个吗？一开始只是班上同学要，到后来有越来越多的人喜欢Maddie的瓶盖。她一个人真的忙不过来，于是恳请妈妈和妹妹一起做。Maddie发现这里面可能存在商机，就在妈妈的帮助下，正式开始了轰轰烈烈的创业。

图2-1 废弃瓶盖

从此她一发不可收拾，找了无数家小卖部、大超市谈合作，又因为产品的好口碑，也有人主动找上门。13岁时，她就赚到人生第一个一百万，15岁时，已经赚了600万美元，最多时一年就赚了160万！生意做大后，主抓设计的她很少亲手画。她说："孩子更清楚孩子喜欢什么。"事业开始后没几年，她便让妹妹负责针对小学生的设计。之后Maddie创建了网站"m3 girl designs"

图 2-2 装饰后的瓶盖

(见图 2-3),开始创作针对青少年的设计。

图 2-3 网站截图

在 Maddie 的众多产品中,最引人注目的便是用绳子将瓶盖穿起来,挂在脖子上当挂坠,并且瓶盖还可以更换(见图 2-4)。

能挂东西的地方都能用瓶盖装饰,瓶盖甚至还能化身狗牌(见图 2-5)。不仅小孩、青少年喜欢,而且在老年人中也受到追捧。Maddie 创业成功后,被不少报纸和网站报道,她每天都能收到一堆邮件,大部分是小女孩问她如何创业,她都一封封认真做出回答。

第二章 打开脑洞,每个人都能创造奇迹

图 2-4　瓶盖项链

图 2-5　瓶盖狗牌

(案例来源:https://m.sohu.com/a/157264181_99918909/?pvid=000115_3w_a)

案例分析

　　Maddie 的事迹告诉我们,打开脑洞,每个人都能创造奇迹。打开脑洞,需要想象力超群,那么怎样才能让我们具有丰富的想象力呢?答案其实很简单,只要我们有胆子去想,在现实的基础上发挥想象力,当你想出身边的人都想不到的主意的时候,他们可能就会赞扬你"脑洞大开"。

关键词:脑洞大开、类比思考、头脑风暴、TRIZ

　　"脑洞大开"的本意是想象力丰富甚至到了天马行空的地步,能联想到其他人都不注意的甚至是令人匪夷所思的景象。"脑洞大开"的办法有很多,我们用一颗善于发现的心,通过仔细观察周围的事物,再加上自己内心无限的思绪,然后顺着自己的思路不断前进,最后在普通事物的基础上想出令人惊讶的事物。我们也可以尝试准备纸和笔,在纸上随便写一个跳入脑海中的词语,然后在脑海中一步步想象这个词语的后续。这个时候不要给自己的大脑任何负担,比如说一定要想出一个惊人的结果。事实上,这样的想象工作是没有边界的,你可以今天想象到这一步,明天再继续你的想象。

要想做到"脑洞大开",我们还可以借助科学的方法,比如说类比思考法、TRIZ法和头脑风暴法。

一、头脑风暴法

头脑风暴法是美国人奥斯本首次提出的。具体方法是:小组成员在不受任何约束的情况下通过会议的形式进行讨论,讨论过程中每一位成员均可发表见解,直抒胸臆、直言不讳。

在选定主题后,小组成员围绕这个主题各抒己见,最后形成新的观点,这个过程我们就称为头脑风暴。整个过程没有外在条件的限制,也没有规则的束缚,各个成员自由地思考。当某个成员想到了新观点就直接表达出来,而后其他成员在这个观点的基础上再增加新的想法。所有的想法和观点都会被记录员记录下来,这期间不对这些看法进行指摘,在会议完毕后再对这些想法和观点进行评价。头脑风暴法最具吸引力的特质便是让与会人员自由思考,让各种观点相互冲击,碰撞出创造性的思想风暴。

成功的头脑风暴会议有以下几点要求。

(1) 确定会议主题。主题的范围不宜太宽泛,其表述要清晰并且最好能落实在一个具体的问题上,比如"新产品的命名""砖头有多少种用途"。会议的主题应该提前告知参会的成员,让他们有一定的时间进行准备。

(2) 组织方式。参与头脑风暴会议的小组成员人数应该控制在10人左右,最好是由不同专业的人员构成;会议时长控制在1小时内,最好不少于20分钟;会议过程必须设立一位主持人,可选用比较强势的人员,但其不能评论会议中产生的观点;设立速记员1~2人,速记员应该将参会人员的观点、想法不做评价地全部记录下来。提前培训参与头脑风暴会议的小组成员,让他们明确会议的要求和原则。

(3) 成果的评价。在会议结束后,参与会议的成员自行对会议过程中产生的观点和想法进行评估,从中挑选出能够解决问题的办法。

为了让参与会议的成员能各抒己见,高效率地完成头脑风暴,一定要遵循以下几项原则。

(1) 追求数量。在会议过程中,只要求大家提出想法,而且数量越多越好。

(2) 促使与会人员灵活地使用和改进其他成员的想法。参与会议的人员都要在他人的设想中得到启发,或对小组成员的想法进行补充,或将几个想法进行综合并提炼出新想法等。

(3) 自由平等。会议过程中所产生的想法和观点全部记录下来,不看性别、不看学历、不看职业,无论是何种岗位的成员一律平等。即使是最无厘头的想法,记录人员也不能进行评价,必须按要求将其一字不漏地记录下来。

(4) 各抒己见。会议提倡自由奔放,参会成员应随便思考、任意想象、尽力发挥,主意越新、越怪越好,因为它能启发人推导出好的观点。

(5) 禁止评论和自谦。对于会议中的任何设想都不允许评价和批判,不能阻挡他人提出设想。只要脑海中产生想法,就要不加思索地表达出来。不要因自己的想法太荒诞、太奇葩而有所保留。

(6) 不强调个人的成绩,以小组的整体利益为重,尊重和理解别人的贡献。创造民主的环境,不以多数人的意见阻碍个人新观点的产生,激发个人产生更多、更好的想法。

盖莫里公司的头脑风暴法应用

法国的盖莫里公司是一家生产电器的小型企业,这家公司在电器市场上面临许多竞争者。公司的销售经理在一次关于激发员工创造力的会议上进行相关学习后开始创建自己公司的创新小组。他把10个人的小组安排到偏远地区的农村,在接下来的3天中使他们无法和外界联系,彻底隔离干扰。

第一天的时间用来进行训练。训练结束后,这10人由陌生逐渐变得熟悉起来,彼此之间的关系也慢慢融洽。一开始有许多人感到不解,但经训练后都快速地融入新角色中。第二天的时间用来训练创造力,采用了一些激发智力的方法。摆在他们面前的问题只有两个,一是发明一种新电器,要求是拥有市面上所有产品都未具备的功能;二是为这个新电器命名。

在这两个问题的解决过程中创造小组都采用了头脑风暴的方法。在讨论新电器如何命名时,小组成员在长达2小时的会议过程中共提出了300多个名字,销售经理将其都记录下来了。第三天很快就来到了,经理要求小组成员默写昨天所探讨出的新产品的名字,大家都只记得大概20个。之后销售经理和大家挑选出最受认可的3个名字。最后让消费者从中挑选,选出了最终的名字。新产品很快投产上市,并由于新颖的功能和朗朗上口的名字赢得了消费者的青睐,横扫了大部分电器市场,在竞争中占有一席之地。

俗话说得好:"三个臭皮匠,顶个诸葛亮。"这也是头脑风暴法的"中国式"译义,即集思广益。这并不包含什么深刻的道理,关键是要以何种形式做到这点。会议就是其中一种解决的办法,但是并不是所有的会议都能达到集思广益的目的。头脑风暴法的突出贡献就是找到了实现信息增值的会议操作流程。奥斯本的这种方法一经出现,立刻在美国范围内扩散并推广到了日本。企业采用这种方法后,员工被激发出强大的创造热情,一时间收获丰硕。

这个案例给我们的启示是头脑风暴法适合解决一些比较明确并且简单的问题,比如讨论新产品的命名、产品的新功能、产品的推广口号等,适用于需要大量的创意和灵感的行业,比如说设计业、广告业。

二、TRIZ法

TRIZ意为"发明问题解决理论",是苏联教育家和发明家根里奇·阿奇舒勒以及他的研究团队通过分析大量专利和创新案例总结出来的。TRIZ理论成功地揭示了创造发明的内在规律和原理,着力于澄清和强调系统中存在的矛盾,其目标是完全解决矛盾,获得最终的理想解。实践证明,利用TRIZ方法能够促进创造发明的进程,并且会获得较高品质的成果。利用TRIZ理论来训练人们,则可以使这部分人的创造力得以激发,发明创造出新产品。

TRIZ的长处是具有开创性、突破性以及较强的系统性,同时能够快速便捷地解决问题。TRIZ法的使用范围囊括各个领域,其系统性的理论也便于人们学习。但是每个事物都有两面性,TRIZ也不例外,它的局限性也比较突出。TRIZ在使用中需要提取相关问题的参数和解决原理,然后将这些转化为解决问题的计划。这个过程涉及专业领域的相关知识以及经验。TRIZ最突出的特点就是它的科学理论和独特方法,因此人们要掌握这个方法需要通过系统的学习和训练。

目前，TRIZ法已在自动控制、电气与电子、航天航空、机械仪器、动力、汽车、化工制药、医疗卫生、轻工和食品等技术领域中发挥作用。国外的一些专家还在尝试将TRIZ法和管理、商业行业相结合，以此来获取更新、更完整的TRIZ法。

波音公司的TRIZ法应用

早在2001年的时候，波音公司将二十五位苏联的研究TRIZ的专家邀请至他们公司，这些专家对波音公司的工程师开展了两个星期的培训。通过有关TRIZ的学习和训练，这些工程师成功改进了波音737机型的发动机罩外形问题。

波音新研发的747机型同样是借助TRIZ法，工程师们将喷气式发动机、导航以及航空材料等方面的新技术相结合，开发出制造技术和工艺后投入量产和销售。TRIZ还帮助波音公司突破了加油机的关键技术，凭借这个技术，波音公司在市场上赢得了15亿美元的空中加油机高额订单。

三、类比思考法

类比思考法又称综摄法，最早由美国人威廉·戈登提出。戈登是麻省理工学院的教授，他在研究中发现了一种能够通过外界事物激发思考和创造潜力的方法。当人们看到一个事物时，会通过联想得到启发思考的暗示，即类比思考。类比思考通常与日常中的各类事物相关联。

类比思考有两大原则，一是同质异化，二是异质同化。同质异化最简单的理解方式就是对常见事物从新的角度去研究，摆脱思维定式，创造出新的观点，产生新的结果，将熟悉的事物发展成陌生的、新的事物。异质同化则与之相反，要求人们在遇到陌生的事物时努力将它与我们已经熟悉的事物建立联系，寻找共同点。

为了能够更好地利用这两大原则来激发创造潜能，教授提出了4个具体的模拟技巧：①想象性的模拟；②直接性的模拟；③人格性的模拟；④象征性的模拟。简单来说，想象性的模拟就是激发大脑的无穷的想象力来找到问题的解决方法，必要时可以借助一些外界事物如科幻小说、民间俗语、睡前故事等。直接性的模拟是指将一样事物当作模拟的样本，而后将研究对象与之相联系，结合思考，找到事情的解决方案。人格性的模拟是将事物赋予人类的情感，假如自己是这个事物会有何感受，又会做何行动。象征性的模拟是将问题转化为非人格化的、物质性的，再进行思考。

类比思考法的特点是将事物之间的异同辨认出来，从而激发出新思潮，产生可行的创造性设想，找到处理问题的答案。因此要求人们在模拟的时候要集中精神，同时要严格执行异质同化和同质异化的两大原则。

尼龙扣的诞生

一位名叫乔治的喜爱打猎的工程师发现，在他打猎后裤子上总会粘着一些不知名的植物。经过查找，他知道了这种植物的名字叫作大蓟花。出于好奇，在一次打猎回来后，他将黏着的植物放到显微镜下进行观察，结果发现每朵大蓟花上都长着一些小钩子。他恍然大悟，正是由于花上的小钩子紧紧抓住裤子，他才将这些大蓟花带回了家。

正当他要换下脏衣服时,脑海中灵光一闪,可不可以借助大蓟花上小钩子的样式发明一种新型的扣子？经过观察和研究,乔治在布条上构造了类似小钩子的结构,使得两个布条能够相互黏结。接着乔治根据这种结构改进了扣子,最终形成了"尼龙搭扣"并获得了多项发明专利,由此开始了他的商业之路。

实战

打开脑洞

百度百科对脑洞的解释是：脑袋破了很大一个洞,用超强的想象力来填满。从几千年前象形文字的诞生,到现在互联网时代的繁荣,脑洞在其中起到了关键的作用。如果没有那些先驱们天马行空的想象力,人类怎么能从茹毛饮血的原始社会进化到现在的文明世界呢？脑洞,渗透到人类发展中的点点滴滴。

让我们根据所学,第一,认清自己的局限性,弄清楚自己到底是一个什么样的人,并为此做出改变,打破僵局;第二,多阅读,当我们脑子里储存了足够多的知识,在面对一些突发情况的时候,就能很轻松地把这些东西组合起来,达到很好的解决效果;第三,去尝试不同的东西,当别人都往左走的时候你往右看一眼,当别人都说好的时候你想想坏处,经常尝试与大多数人不同,不迷信权威和书本;第四,多找高手交流,一个活在自己特定圈子里的人是永远无法成长的,接触各个领域的人才会让我们从多方面丰富自己。一步一步打开自己的脑洞吧。

我的目标和行动

第二节 创新思维的训练

导入案例

全方位昆虫观察箱

2017年5月3日,中国科协在四川成都召开第五届全国青少年小发明评选会,"全方位昆虫观察箱"荣获一等奖,制作者是河北省雄县大营乡西河营小学的六年级学生田江华。田同学在小学四年级时发现昆虫标本盒需要改进,五年级开始改进,六年级终于改进成功。田同学的发明源自生活。自然课上,老师抓了只昆虫让同学们观察其身体结构,每位同学单独将昆虫标本盒仔细看一遍,即使这样还看不全昆虫的各个部位,一节课就这样你看一下我看一下的结束了。田江华同学看到这种情景后,并没有局限于标本盒的改进,而是提出了新的设想:如果有一个观察箱,把昆虫放在里面后,从各个角度都可以看到昆虫的不同部位,那该多好啊!他根据镜片反射的原理和观察部位与反射角度相关的原理,分别用四块、六块、八块镜面玻璃进行上下左右不同角度的组合,最后以观察范围最大的145°角组合成全方位昆虫观察箱,它可以同时供十几位同学从不同角度全方位地观察昆虫标本,既省事,又省时。

(案例来源:https://wenku.baidu.com/view/0870b571b7360b4c2e3f64f6.html)

案例分析

田江华这位农家孩子,六岁丧母,跟爸爸、姐姐一起生活,和同龄人相比有更丰富的生活体验。这个少年有很强的自信心和独立性,对任何事都多了一份思考,遇到问题时都会多问一个为什么,生活的历练给了他更多的机会去培养他的创新思维,农村的劳动培养了他动手解决问题的能力。

创新是有规律可循的,田同学的学习和训练使他的创造力得到迅速提升,创造潜能得到有效开发。这也表明训练对于提高技术创新效率、创新水平、创新成果的产业化极为有益。学习时要注意总结前人的经验和教训,前人的经验和教训是今天创新的基础,通过借鉴前人的工作,可以站在巨人的肩膀上看待问题、考虑问题和解决问题。还要注意发现和总结前人失败的创新经验,通过前人失败的经验去发现问题。训练时要注意通过改变方法和途径去解决问题,学会借鉴和组合,借用别人的经验再加上自己的创新,予以完美结合,充分利用并使之成为自己的东西,在实践中提高创新能力和创新意识。

关键词:训练、经验和教训、实践

创新能力是人类独有的认识与实践能力,也是一个国家、一个民族发展的内驱力。一个民族要想屹立在世界民族之林,就不能忽视创新所具备的作用。创新思维是创新能力的核心力量,创新思维能够促使一个领域推陈出新。

当今时代是一个不断发展的时代,每一天都在持续地进步和不断地创新。社会的进步依赖于新事物的产生,而新事物的产生又取决于创新思维。如果奉行拿来主义还不思进取的话,就会思维僵化、难以取得突破,终有一天会被时代所抛弃。因此国家重视创新的力量,个人也不能忽视创新思维的培养。我们要在点滴小事中锻炼思维,从生活中孵化创造力,只有这样,我们才能跟得上时代的发展,甚至能引领时代的发展。

一、发散思维训练

发散思维又叫扩散思维、辐射思维,是指在解决问题的过程中,个人的思维从现有的条件出发,朝不同方向进行拓展,不受已知经验的约束,并且在这种扩散、辐射和求异式的思考中,求得多种解决办法,衍生出各种结果。很多心理学家觉得"发散思维是创造性思维的核心,也是测量创造力的主要方法之一"。

发散思维的训练有以下几种方法。

(1) 相似联想,意为从一个事物的某个特征联想到其他事物的相似特征。比如说通过白色联想到冰雪、红色联想到火焰;通过大草原联想到大海。这种联想的方式是形似联想,还有一种是神似联想,是借助事物间神情、气质等的相似特质进行联想,如比较常用的借物喻人、象征就是神似联想的应用。

(2) 因果联想,即由原因联想到结果,或由结果联想到原因。比如通过种田想到收获,通过种树想到乘凉等。

(3) 对比联想,意思是由某一事物的特点联想到与其相反的事物。比如由光明联想到黑暗,由小河联想到大海,由绿叶联想到红花等。

(4) 相关联想,是指由某一事物联想到跟它相关的事物。这些事物的外在表现各有不同,但是它们却拥有一些相通的本质。比如由嫦娥联想到玉兔或者月亮。

单向思维大多是低水平的发散,多向思维才是高质量的思维。只有在思维时尽可能多地给自己提一些"假如……""假定……""否则……"之类的问题,才能强迫自己换一个角度去思考,想自己或别人未曾想过的问题。

经过多年的应试教育,在标准答案的影响下,思维越来越僵化,想象力难以提高。而发散思维鼓励人们寻找新颖而独特的方法、机会、观念和解决方式,并且在解决问题的过程中不断问自己:如果这样尝试会有何发现?

曲别针的用途

1987年,我国召开了"创造学会"第一次学术研讨会,此次会议邀请了国内外众多知名学者和优秀人才。其中日本的村上幸雄先生也在邀请的范围内。在会议期间,村上先生从口袋里掏出一个曲别针让大家思考:曲别针都有哪些用途? 参加会议的人们议论纷纷,有的说可以别胸卡、挂日历、别文件,有的说可以挂窗帘、钉书本,大约说出了二十余种。这时有人问村上他能列举出几种,村上说他能列举出曲别针的三千种用法。众人感到非常讶异。

然而坐在台下的中国魔球理论的创始人许国泰先生心里想道:我们中华民族在历史上就是以高智力著称,我们的发散性思维绝不会比日本人差。于是他给村上幸雄写了个条子说:"幸雄先生,对于曲别针的用途我可以说出三千种、三万种。"幸雄十分震惊,大家也都不相信。许先生说:"幸雄所说的曲别针的用途,我可以简单地用四个字加以概括,即钩、挂、别、联。但我认为远远不止这些。接着他把曲别针分为铁质、重量、长度、截面、弹性、韧性、硬度、银白色等十个要素，用一条直线连起来形成信息的横轴，又把要动用的曲别针的各种要素用直线连成信息的竖轴。再把两条轴线相交并垂直延伸，形成一个信息反应场，将两条轴上的信息依次"相乘"，达到信息的交合……

这个案例让我们认识到发散思维的重要性，那么发散性思维要如何培养呢？要有意识地锻炼自己的思维能力，解决问题时尽可能从多个角度入手，全方面地思考，培养自己寻求问题的多种不同解法的习惯。

二、形象思维训练

形象思维是指我们的感官所接受的刺激在头脑中形成记忆的过程，感官刺激主要有视觉、听觉、嗅觉、味觉和触觉等。当人们感知到新现象时，记忆中与新现象类似的感知形象以及紧随其后的感知形象会被激活，各种感知形象就会在人们的头脑中变幻，而感知形象在头脑中的变幻就能引起人们的行为。

要对形象思维进行训练，可以试试下面的方法。

（一）多观察

原始社会的时候，生存环境尤为恶劣，我们的祖先和其他动物一样，都处于一种高度警惕的状态。他们拥有高水平的形象思维能力，无时无刻不在观察四周的环境。他们的头脑每小时都存储着大量有关声音、图形、气味等的记忆，正是这些记忆使得他们的形象思维被训练、被开发，对事物之间的联系的反应在细致准确程度、速度、全面性等方面大大胜过现代的我们。

现代文明的高速发展让我们的部分能力得到提升，但随之而来的是其他能力被削弱了。由于生存环境的改善，我们不用时刻保持警觉，也不用随时注意由感官所反馈的周围的信息，我们的形象思维能力在下降！世间万物，动静有常，尽可能充分地利用我们的感官摄取事物变化的第一手信息，不管对形象思维还是对抽象思维而言，都是提升思维能力的第一秘诀。

训练思维能力最重要的是要感知和记忆。不去感受事物的变化，仅仅依赖于间接的经验，那么随着时间的流逝，我们的思想就会僵化、禁锢。通过有意识地训练，部分感官能力是可以得到提高的，如盲人的听觉、触觉比普通人更敏锐，这正证明了感官摄取信息的敏感性是可以训练的。

（二）多体验

原始人类由于时代的原因，直接面对着真实复杂的环境。而现代人在学习时学到并累积的知识量是间接经验，脱离了真实环境，人们的形象思维被大大减弱，因此现代人在想象力方面就比较缺乏。由此，我们应该创造大量的机会去实践，在实践中进行学习，发展形象思维能力。

（三）养成"白日做梦"的习惯

古代的人们缺少相应的学习工具，为了不遗忘知识，他们通常都会采用"温故知新"和"学而时习之"的学习方法。空闲时"白日做梦"也是他们加深记忆从而提高形象思维能力的有效方法。当沉思的对象不是语言、概念而是脑中的图画时，我们也把沉思状态称作梦幻状态。正是这种"白日做梦"的方法，巩固了过去感知到的各种形象及其先后顺序在脑中的记忆。

如何锻炼形象思维能力呢？每天利用一些时间进行冥想，在头脑中再现过去的景象，就可以提高我们利用形象思维解决问题时的速度。

(四) 多做形象比较

如果想在多观察、多体验、多做白日梦的基础上更进一步,我们就要多做形象比较,比较能产生更精确的记忆。比如,一只羊和一头牛之间有体型大小的区别,那么通过比较,我们不仅能记住羊的样子也能记住牛的样子。两只天鹅的区别不大,我们只能记住天鹅的样子,却区分不了它们。要想能辨别出两只天鹅,就要找它们之间的不同点,进行对比后才能分辨它们。在做形象比较时重点关注的是局部而不是整体。

(五) 多做模仿训练

模仿是我们的形象思维学习和借鉴他人的体验过程和结果的主要方式。它的优点是能够被模仿的都是可直接操作和运用的知识,例如,我们可以模仿别人的说话方式。它的局限是没有办法了解获取知识的思维过程,以至于环境发生改变模仿就会失败。

为什么要训练形象思维呢?因为它存在不少优点:第一,学习成本低;第二,快速灵活;第三,易触发情感;第四,具体真实。当然,它也有不足。首先,形象思维不易表达;其次,形象思维常常失真和不准确;最后,形象思维无法考察感官不能直接触及的事物。

三、求同求异思维训练

求同思维又叫聚合思维或辐合思维,是一种有方向、有范围、有条理的收敛性思维方式。这种思维方式与求异思维相互依存、相互补充,结合形成完整缜密的思维体系和程序。求同思维同发散思维一样,是创造性思维的重要组成成分。

求异思维也是创造性思维的重要组成部分。所谓求异,就是寻求变异。求异思维是一种开阔思路、不依常规、寻求变异,从多方面思考问题,探索解决问题的多种可行性的思维形式。求异思维不是一种孤立的思维形式,它是与求同思维共存的。求异不是目的,只是手段,是思考问题的方法和途径。进行求异思维的目的是广开思路、寻求真理、解决问题。也就是说,"殊途"必须"同归"。

求同求异思维又要如何训练呢?下面为大家提供一种具体的锻炼方法。

首先是求同思维的训练,利用每天刚睡醒的时间在头脑中想象4个无关联的事物,比如一台电脑、一个塑料袋、一个翡翠手镯、一张纸。由于我们经过一个晚上的休息,头脑的思维刚刚开始活跃,这个时候的锻炼不用刻意去想某个事物,头脑中闪现的任何东西都可以。之后要做的就是将它们进行分类,每两种事物归到一类且与另外两种的分类不同。例如:

(1) 电脑和翡翠手镯是价格较高的物品,而书和塑料袋的价格比较低;

(2) 纸和电脑可以传播知识,而翡翠手镯和塑料袋不能;

(3) 电脑和塑料袋是属于新时代的产物,而纸和翡翠手镯出现的时间就比较早。

开始训练的时候会感觉很吃力,这是因为我们生活的环境长时间束缚了我们的思想,万物之间都是有联系的,无论是什么联系,只要我们去想,就一定会找到。在这个训练过程中没有绝对的对和错,只要自己能够解释清楚就可以。

接着是求异,方法与求同恰好相反,有点像玩"找茬游戏"。有意识地去发现相同事物的不同点,从不同的角度去审视同一个问题。求异思维是培养创新思维不可缺失的重要部分。

例如,有两家咖啡公司,一家依靠自己悠久的历史打出了"爷爷在喝,父亲在喝"的广告。而另一家咖啡公司另辟蹊径,找到和对手不同的一面进军市场,打出"年轻的一代,激情的一代"的口号,受到了年轻消费者的追捧。

最后是求和。求和就是在求同和求异的基础上,将我们发现的不同事物的相同点和不同点结合起来创造新事物的一种思维方式。生活中很多创新的事物都来自多种事物的结合。比如铅笔和橡皮,正是人们找到二者的共同点(在写字的时候用),所以有了铅笔上面的橡皮。求和的思维是创新思维中一个很高的境界,把不同事物的优点结合于一身,发明创造出新的事物,这是时代和社会所需要的思维。在我们的日常生活中同样可以用这种方法将一些复杂的事情简单化。

就像之前提到的对脑海中浮现的事物寻找共同点来分类,你的思维在一天之内都会非常的开阔。久而久之,我们在看待事物的时候就可以快速找到不同事物之间的联系,非常有助于我们创新。

四、逆向思维训练

逆向思维是对习以为常的事物或观点进行反向思考的一种思维方式。敢于"反其道而思之",使思维方式朝反向发展,从问题的对立面深入地探究,树立新思想,创立新形象。

当大家都朝着一个固定的思维方向思考问题时,而你却独自朝相反的方向思索,这样的思维方式就叫逆向思维。人们习惯沿着事物发展的正方向去思考问题并寻求解决办法。其实,对于某些问题,尤其是一些特殊问题,从结论往回推,倒过来思考,从求解回到已知条件,反过去想或许会使问题简单化。

逆向思维具有的特点如下。

(1)普遍性。逆向思维在各种领域、各种活动中都有其适用性。逆向思维有多种形式,如对立性质的转换,软与硬、高与低等;结构、位置上的互换、颠倒,上与下、左与右等;过程上的逆转等。不论哪种方式,只要从一个方面想到与之对立的另一面,就是逆向思维。

(2)批判性。逆向是与正向相比较而言的,正向思维是指常规的、公认的或习惯的想法与做法。逆向思维则恰恰相反,是对传统、常识的反叛,是对常规的挑战。它能够克服思维定式,破除由经验和习惯造成的僵化的认识模式。

(3)新颖性。按传统思维方式解决问题容易使思路僵化,得到的都是一些见怪不怪的方法。每样事物都具备多方面的属性,人们往往只注意到熟悉的一面,却看不见事物的其他方面。逆向思维则能够克服这个障碍,寻找到出其不意的答案,给人以焕然一新的感觉。

逆向思维法的三大类型如下。

(1)反转型逆向思维法。反转型逆向思维法是指从已知事物的相反方向进行思考,产生发明构思的途径,即常常从事物的功能、结构、因果关系等三个方面做反向思维。比如,市场上出售的无烟煎鱼锅就是把原有煎鱼锅的热源由锅的下面转移到锅的上面。这就是利用逆向思维,对结构进行反转型思考的产物。

(2)转换型逆向思维法。转换型逆向思维法是指在研究某一问题时,由于解决该问题的方法无法继续,而转换成另一种方法,或变换角度思考,让问题能够得以解决的思维方法。如司马光砸缸,实质上就是一个采用转换型逆向思维法的例子。由于司马光不能通过爬进缸中救人的手段解决问题,因而他就转换为另一手段,破缸救人,进而顺利地解决了问题。

(3)缺点逆向思维法。缺点逆向思维法是一种利用事物的缺点,将缺点变为可利用的东西,化被动为主动,化不利为有利的思维方法。这种方法并不以克服事物的缺点为目的,相反,它将缺点化弊为利,找到对应的解决方法。例如金属容易被腐蚀是其一种缺点,但人们利用金属腐蚀原理进行金属粉末的生产,或电镀等用途,无疑是缺点逆用思维法的一种应用。

逆向思维法的优势如下。

(1)在日常生活中,常规思维难以解决的问题,通过逆向思维却可能轻松破解。

(2)逆向思维会使你独辟蹊径,在别人没有注意到的地方有所发现、有所建树,从而出奇制胜。

(3)逆向思维会使你在多种解决问题的方法中获得最佳方法和途径。

(4)生活中自觉运用逆向思维,会将复杂问题简单化,从而使办事效率成倍提高。

(5)逆向思维能运用于各个投资领域,包括房地产、股票等。

逆向思维最宝贵的价值是对人们认识的挑战,是对事物认识的不断深化,并且由此产生"原子弹爆炸"般的威力。我们应当自觉地运用逆向思维方法,创造更多的奇迹。那么要采取什么样的措施来对我们的大脑进行逆向思维的训练呢?接下来,介绍一种训练逆向思维的方法,大家不妨试试。

每天在自己空闲的时间找一些身边的事情当作思考目标。比如说,提倡垃圾分类真的好吗?塑料袋是白色污染,真的应该杜绝?一次性筷子的生产要砍伐树木,真的应该减少使用吗?慈善机构给那些缺医少药的地区送药,真的是慈善行为吗?现在信息的获取如此方便快捷,每个人每天都会获取大量的信息,只要选择你原本认为理所应当的事情进行反对就可以。这是第一步——寻找目标!

但是光反对没有用,是起不到任何实际意义的,那么第二步就是找证据。有了观点之后就去寻找可以支撑观点的证据。这里举一个例子,垃圾分类,日本应该说是垃圾分类做得比较好的国家之一,在日本,绝大多数的家庭都养成了给垃圾分类的习惯,他们的分类细致到对每一天倒什么样的垃圾都有明确的规定,于是,有一些日本的家庭主妇把垃圾分类视为噩梦,因为等待倒指定垃圾的日子太煎熬了。而且,即便是这样,仍然不能够保证所有人都严格按照分类投放垃圾,等这些垃圾到了集中处理的垃圾场之后,还要经历一轮分拣,因为垃圾处理部门并不觉得可以完全信任庞大的人群做的自发分拣。那么,找出佐证垃圾分类并不优越的证据就是第二步——扯掉外衣!

找到证据之后还没有结束,我们还要思考解决的办法。还是以垃圾分类为例,如果依靠普通民众来进行垃圾分类并不能减少二次分拣的举动,那么有什么方法能够更加优化地解决这个事情呢?有没有什么方法可以让机器来完成分类的工作呢?有没有办法让垃圾重新具备价值呢?(以前的厨余垃圾是用来喂猪的)有没有办法减少垃圾运输的过程呢?有没有办法让垃圾不用分类就能够得到处理呢?尽你所能,想出所有的渠道和途径来解决这个问题,直到实在想不出新的招数。这是第三步——宝剑出鞘!

现在你已经拥有很多把宝剑了,但是要挑选出一把最锋利的用来杀敌,所以你要在想出的方案中选择一种你认为最优秀的方案来佐证它,并且寻找到支撑这种方案的证据及实施办法。以垃圾的回收利用为例,比如我们喝完啤酒之后的空瓶,基本上从来没被当成过垃圾。因为空的啤酒瓶还有价值,拿到便利店把酒瓶退还给店家,店家会支付你相应的货币;店家再把啤酒瓶退还给厂家,厂家也会支付店家相应的货币;厂家把啤酒瓶回收之后可以通过一系列的处理再利用。这个过程所耗费的资源比生产一个新的啤酒瓶要少,所以厂家也愿意这样做。让原本是垃圾的东西循环起来，不需要再耗费资源去处理，也能够让其为这个社会创造更大的价值，这就形成了一条良性且完整的循环链条。

又比如电池，我们一再的告知人们电池不能扔到普通的垃圾桶里，很多地方的垃圾桶都有专门回收电池的一个小格子，可又有多少人会投进去呢？我相信大多数人是忘记了或者没有形成习惯，可是光靠情怀和自觉又能够让多少人形成这种习惯呢？而利益的驱动力就完全不一样，如果我们能够让废弃的电池有一点点的价值，是不是能够更加容易地处理掉废旧电池呢？这是逆向思维的最后一步——砍瓜切菜！

每天不用多，只要挑选一个目前社会普遍认可的事件，对它进行思考就可以了，但是一定要按照上述四个步骤深入地思考，并且把能想到的全想到，这样就会不断增强你的逆向思维能力。30天之后，你将有所小成，1年之后，你有可能改变全世界，从现在就开始吧！

电磁感应定律

1820年，任教于丹麦哥本哈根大学的物理学教授奥斯特，通过多次实验证明了电流的磁效应的存在。这个发现一经传播就引发多位学者进行电磁学的实验。英国物理学家法拉第怀着极大的热忱反复进行奥斯特教授的实验。当导线通上电流，导线附近的磁针会马上发生偏转，他深深地被这种奇异的现象所吸引。

法拉第开始逆向思考，既然电能够产生磁场，那么磁场也应该能产生电。于是他从1821年开始做用磁生电的实验，但是实验都以失败告终。不过他坚信电和磁之间必然存在相互转化的关系。为了验证逆向思维的正确性，十年间法拉第不停地改进实验，最终设计出一种新方法，证实了磁能生电的猜想。

十年的耕耘换来了丰硕的果实，法拉第于1831年提出了著名的电磁感应定律，并根据这一定律发明了世界上第一台发电装置。如今，他的定律正深深地改变着我们的生活。法拉第成功地发现电磁感应定律，正是运用逆向思维方法的一次重大胜利。

创新可以是"灵光一闪"的产物，也可以是长期思维训练的产物。只要是针对未出现的事物，敢说、敢想、敢做就能称之为创新。创新也可以是将旧的东西以新的形式包装一下，还可以是找到新的切入点。打开脑洞，每个人都可以创造奇迹。

创新思维训练——头脑风暴

小组成员围绕一个主题，在不受限制的环境下，采用会议的形式进行讨论，讨论过程中每一位成员均可发表见解。当成员想到什么新观点时就说出来，接着由其他成员在这个观点的基础上增加新的想法。将所有的观点和想法一字不差地记录下来，会议结束后再进行评价。这个过程称为"头脑风暴法"。

训练要求如下。

（1）成立一个训练小组，组织一次头脑风暴会议。

（2）小组人数限制在10人左右，成员可以由不同专业的同学组成，并且设立一名主持人和两名记录员。

（3）确立好会议的主题，主题要求落在形象、具体的问题上，比如说"你希望未来手机能有哪些新功能"，团队成员（包括主持人和记录员）需要提前熟悉议题。

（4）会议过程遵守头脑风暴法所提倡的原则：①追求数量；②小组成员要灵活地使用和改进其他成员的想法；③成员之间保持自由平等的关系；④会议提倡自由奔放，参会成员随便思考、任意想象、尽量发挥，主意越新、越怪越好；⑤禁止评论和自谦；⑥不强调个人的成绩，以小组的整体利益为重，尊重和理解别人的贡献，创造民主的环境，不以多数人的意见阻碍个人新观点的产生，激发个人产生更多、更好的想法。

（5）结束会议后再由本组成员自行评估这些想法并从中挑选出解决问题的方法。

我的目标和行动

第三章
直面自己,创业改变人生和世界

CHUANGXIN
CHUANGYE
QIMENG

扫二维码看视频：听雷军谈创业经

只要是自主经营，自负盈亏，自我约束，自我发展，以销售收入补偿耗费取得盈利的个人与组织，不论烤肉串还是做IT，1人还是100人，都是创业。

——中国创业学奠基人赵延忱

本章通过分析创业所需具备的核心要素，对创业者的基本素质和必备能力进行考核和评价。采用自我评价、小组评价和教师评价相结合的评价方法，根据知识结构和内容以及完成主体的不同，具体分10个评价项目分别对个人和小组进行考核评价，考核评价表如表3-1所示。

表3-1 考核评价表

评价项目	评价内容	分 值	自我评价	小组评价	教师评价
创业核心要素	资金来源	10			
	技术排他性	10			
	市场需求	10			
创业者的素质	洞察力	10			
	胆量	10			
	意志力	10			
创业者的能力	决策力	10			
	领导力	10			
	执行力	10			
	协调整合力	10			
总 评					
个人学习总结					
教师总评					
学员签字：			教师签字：		

第三章　直面自己,创业改变人生和世界

第一节　认识创业

陈欧,80后、海归、川籍优秀企业家、中国知名青年创业者,年仅16岁就获得新加坡留学机会,就读南洋理工大学,大学在读期间,曾成功创办在线游戏平台GGgame,26岁获得美国斯坦福大学MBA学位,27岁创立聚美优品,29岁荣登福布斯创业者榜。

他自带偶像气质,不请明星模特,亲自出镜为公司拍摄广告。"我为自己代言"系列广告大片引起80后、90后强烈共鸣,在新浪微博掀起"陈欧体"模仿热潮。在电商行业化妆品细分领域,聚美优品仅用三年时间,就完成单月销售额从10万到6亿元的突破,紧跟天猫、京东、亚马逊等一线B2C电商,在中国美妆类电商网站中占据一席之地。

2013年3月,陈欧连续第二年荣登福布斯"中国30位30岁以下创业者"榜单,并入选《财富》(中文版)"中国40位40岁以下的商界精英"榜单,排名第16位。

2014年5月16日,聚美优品正式在美国纽约证券交易所挂牌上市,市值超过35亿美元(见图3-1)。年仅31岁的陈欧,成为纽交所220余年历史上最年轻的上市公司CEO,其所持股份市值超过11亿美元。

图3-1　聚美优品上市

"16岁起,我就没花过家里一分钱。"陈欧面对媒体侃侃而谈,云淡风轻。但从上大学的时候就开始创业,在异乡他国白手起家,其间的艰辛可想而知。

"创业初期最大的困难是没有资本。"在陈欧的电商创业项目确定之后,需要解决的问题堆积如山,资金始终是最大的难题。聚美优品创业初期,资金遇到困难,陈欧找到他创业路上的贵人——天使投资的徐小平。凭借第一次成功的创业经历和靠谱的创业团队,最终打动了投资者。

(案例来源:https://baike.baidu.com/item/%E9%99%88%E6%AC%A7/21946?fr=aladdin)

"你只闻到我的香水,却没看到我的汗水;你有你的规则,我有我的选择;你否定我的现在,我决定我的未来;你嘲笑我一无所有,不配去爱,我可怜你总是等待;你可以轻视我们的年轻,我们会证明这是谁的时代。梦想,是注定孤独的旅行,路上少不了质疑和嘲笑,但,那又怎样?哪怕遍体鳞伤,也要活得漂亮。我是陈欧,我为自己代言。"

2012年10月12日,聚美优品发布2012年新版广告,上述广告词就是聚美优品创始人陈欧为自己公司代言的广告词。透过陈欧的创业经历,我们可以清晰地看到其创业的基本要素。

陈欧在新加坡南洋理工大学所学专业为计算机,和时下大多数大学生一样,陈欧爱玩游戏且水平很高,在大学期间就经常参加各式各样的游戏比赛。但不同的是一般的学生都把游戏当成大学生活的全部,每天沉迷于游戏之中,陈欧却只是在参赛前的三四天才抽空练习一下,其他时间则是从研究的角度去玩游戏。长时间的积累,陈欧很快就在游戏中发掘到了商机,2006年,还在读大四的陈欧结识了南洋理工大学的另一位编程高手刘辉。二人一拍即合,陈欧负责服务器和客户端开发,刘辉负责搭建网站社区和数据库,联合创办了GGgame平台。它正是如今东南亚最大在线游戏社交平台Garena的前身,在GGgame上你可以和来自全世界的玩家进行游戏,也可以通过平台和朋友聊天交谈,GGgame平台把整个互联网转变成一个超巨型的网吧,让世界各地的玩家都能用局域网的方式进行游戏。GGgame迅速风靡世界,短时间内吸引了数量庞大的游戏玩家,成为中国之外最大的游戏对战平台之一。

GG平台是成功的。在陈欧离开前,GG平台最高时段有10万名玩家在线,拥有近50万名注册用户。可是陈欧并不甘心现状,在24岁时,陈欧再次出发,申请了斯坦福MBA。一边上学,一边远程操控公司,后通过朋友介绍,认识了斯坦福MBA校友、职业经理人李小东。专业稳重的李小东很快获得了陈欧的信任,于是忙于学业的陈欧将平台的管理权交到李小东的手上,自己正式做个甩手掌柜。可是后来的创始人之争,让他被迫卖掉了手中35%的股权,告别第一次创业。

2008年,24岁的陈欧卖掉所有Garena的股份,套现千万。去斯坦福深造,陈欧对此并不后悔,因为在他看来,创业中难免会遇到各种各样的问题。在斯坦福的这段求学经历,让陈欧清晰地明白了企业运作流程,了解到一家健康的企业必须有一个合理的股权组织架构,创业者如何构建一个创业团队和企业管理团队,是企业能否长久发展的关键。

陈欧本身是一个细腻的人,通过调研,他发现中国的广大女性消费者对于网络购买化妆品的信心不足,线上化妆品行业还有极为广阔的市场。对他来说,化妆品就是新大陆。他总结出了三个"可行条件":第一,在中国,电子商务已经蓬勃发展,越来越多的人开始接受网络购物;第二,人们对美好生活的追求永无止境,美妆的需求很大,可是市场还没有一个可信的平台;第三,化妆品通常都是女性专业,可是女为悦己者容,男性经营反倒会有更大的优势。2010年,国内团购大热,陈欧依靠个人敏锐的直觉,用两天时间,和团队一起搞出了一个专门卖美妆的在线平台——团美网,也就是今天聚美优品的前身。以限时团购的方式出售化妆品,价格比专卖店低了40%左右,此模式一经推出,反响非常好,不到五个月,网站的注册用户就突破10万,2011年3月,公司成立不到一年,就实现了总销售额1.5亿。我们能清晰地发现,聚美优品的限时团购,把团购业务模式发挥得淋漓尽致,用限时的方式激发女性消费者的购买力,这是对市场的精准把握。

陈欧的创业历程,从最先获得投资人徐小平18万美元的投资,到徐小平追加200万元的投资,再到获得红杉资本千万美元级别的投资,他以一步一个脚印的实力获得了投资人的认可。这给了我们一个很好的启发,我们不能要求投资者一步到位地给我们非常多的投资,只有当你的产品获得市场认可的时候,投资者才有可能给你更多的资金支持。

关键词:资金、创业者、技术、市场需求

创业就是创业者对自己拥有的资源或通过努力所能够拥有的资源进行优化整合,从而创造出经济或社会价值的过程。简单地讲,创业是一个发现和捕获机会,并为市场提供新产品、新服务或实现潜在价值的过程。创业是一种劳动方式,也是一种积极的就业方式。通过创业,不仅能解决自己的就业问题,也能带动更多人就业,在经济增长、活跃市场、扩大就业、增加财政收入等方面发挥着重要的作用。创业体现了创业者的个人特质,每一家新创企业都被深深地打上了创业者的个人烙印,体现了创业者对市场的敏感度、对技术的运用能力、对资金的调配能力。创业不是一时冲动的行为,而是综合考虑各种因素的结果。

一、资金

创业起步的资金,如果可行的话,可以尝试通过个人的努力独立解决,也可以从亲戚朋友或是父母那里获得帮助。当然最好是能够不用很多的初始资金就做出市场规模或产品。对首次创业者来说,需要的是不断地丰富自己的经验,经验越是匮乏,越不应该着急拿外来的资金。虽然用别人的钱来创业是一件非常惬意的事情,但投资者也会牵制你创业的热情和冲劲,原因在于,当你向外人请求资金融资时,你也得听命于他们。而且,花别人的钱会上瘾。天底下没有比花别人的钱更容易的了。一旦花光,你就会再向投资人要钱。每要一次,他们就从公司再多拿走一些,直到你发现你面临两个选择:听从安排或一拍两散。很多创业者在获得投资者的投资后,往往不知道这些钱该怎么用,要用在哪里。同时这些资金也是一个诱惑,别人的钱用起来更无所谓,所以这些资金往往是被挥霍掉的,最后投资人与创业者之间的矛盾必然会爆发,甚至需要走司法途径解决,一个好的项目就这样断送了前程,无不令人遗憾。创业者的每一分钱都要花在最有价值的地方,但在刚起步的时候,创业者往往忽略在市场营销和项目推广上的预算,恨不得立即就让产品名满天下,企业知名度得到提高。

创业资金的解决,除了自筹外,还可以通过贷款或者找投资机构筹集。员工内部筹集资金也是一种解决方式,公司员工将钱投资在创业项目上,会增强公司的凝聚力和战斗力,大家会有一种主人翁的归属感,采用这种方式要做好公司的股权安排。最可靠的解决方式,还是以最少的资源和最快的速度取得第一个产品的成功,这样,既可获得更充足的自有资金,也能获得投资者的青睐。

网易创业融资案例

网易的创始人丁磊,于1997年5月创办网易公司。与众不同的是,丁磊创业的启动资金既不是天使资本,也不是向亲朋好友借款,而是靠丁磊自己从1993年起为别人编写软件所赚的钱,总计50万元。

网易成立2个月后,率先推出大容量(20M)免费个人主页,但因为知道此事的人较少,第一个月注册的不过百人。于是,丁磊买下了瀛海威、中网、北京在线等五家网站3个月的广告,一下子就引起了轰动,两个月以后,用户达到了10000人。此后,丁磊等三个人经过7个多月的奋斗,开发出自己的电子邮件系统。

丁磊能够自行编写软件并以此获利,不仅使他不缺创业所需的启动经费,而且使他能够在较长的时间内坚持自己的目标和思路。丁磊面对资本的傲骨使他成为创业者中的特立独行之辈,他一直靠卖软件维持公司的运转,直到2年后,他才从朋友处借到了200万元资金。

2000年3月,网易第一次引入国外投资,国际传媒大鳄默多克旗下的新闻集团以256万可转换优先股的方式获得了网易8.5%的股权。2000年6月30日,网易在美国纳斯达克上市,每股发行价为15.5美元,上市市值为4.65亿美元。网易的股价走势图如图3-2所示。网易在资本市场的融资使得其通过出售可接受的部分股权换取了自身发展急需的发展资金,依靠资本市场短期的输血,快速地塑造了网易的竞争优势,使网易的规模迅速扩大,市场迅速做大。

图3-2 网易的股价走势图

(案例来源:https://baike.baidu.com/item/%E7%BD%91%E6%98%93%E5%88%9B%E4%B8%9A%E6%8A%95%E8%B5%84%E6%A1%88%E4%BE%8B/15605067?fr=aladdin)

网易的成功,在于丁磊自己解决了一个初创企业所需的启动资金,再通过各种融资渠道,把企业从小做大。对创业者而言,有好的项目、好的团队还不够,创业者首先要面对的是资金的问题,包括创业启动资金和发展资金。越是疯狂的创业者,往往越是穷光蛋,往往需要到处找钱。对于创业公司而言,资本是一个鸡生蛋、蛋生鸡的问题,没有超强的团队、爆发的市场、前景光明的产品,向投资人要钱也不容易;可是没有投资人的钱,要如何去组建超强团队,扩展市场,开发前景光明的产品呢？也许有的人的确有办法在这种奇怪的鸡生蛋与蛋生鸡的逻辑里,找到一条生存并通向成功的道路。但更稳妥的办法是用最少的资源,做出第一个产品,放到市场上去测试,如果获得了一个初步的成功,再去增资。以小搏大,打一场大胜战,才会有知名度,一直正向循环,才可以建立一个真正长久的企业。

二、创业者

创业者是指发现某种信息、资源、机会或掌握某种技术,利用或借用相应的平台或载体,将其发现的信息、资源、机会或掌握的技术,以一定的方式,转化、创造成更多的财富、价值,并实现某种追求或目标的人。

创业者一词由法国经济学家Cantillon于1755年首次引入经济学。1800年,法国经济学家萨伊(Say)首次给出了创业者的定义,他将创业者描述为将经济资源从生产率较低的区域转移到生产率较高区域的人,认为创业者是经济活动过程中的代理人。著名经济学家熊彼特则认为创业者应为创新者。这样,创业者的概念中又加了一条,即具有发现和引入新的、更好的、能赚钱的产品及服务的能力的人。

在欧美学术界和企业界,创业者被定义为组织、管理一个生意或企业并承担其风险的人。创业者对应的英文单词是entrepreneur,entrepreneur有两个基本含义:一是指企业家,即在现有企业中负责经营和决策的领导人;二是指创始人,通常理解为即将创办新企业或者是刚刚创办新企业的领导人。

草根李书福的六次创业

李书福,男,1963年出生于浙江台州,现任全国工商联副主席,浙江省工商联副主席,浙江吉利集团有限公司董事长,沃尔沃轿车公司董事长(见图3-3)。

图3-3 李书福

在改革开放初期,李书福便开始在大街小巷替别人照相赚钱,后应转型需要不得不进行二次创业。二次创业做的是变废为宝的行业,就是将废旧物品中的一些贵金属提炼出来,进行再次销售。第三次创业开始生产电冰箱零部件,但当技术发展成熟准备开始生产时,别人要收回厂房,不得不另找厂房。在几经波折之后,家乡为发展乡镇企业,主动为其找到厂房,在家乡政府的帮助下,他成功地将产品卖向全国。在公司发展良好的时候,李书福竟把全部资产送给政府,轻松地回到大学校园去了。第四次创业,李书福将目光转向了装潢行业,那时候大量的装潢材料都是从国外进口,于是,李书福看准时机,立即行动起来,自己设计、研发,最终研发出很多新奇的装潢材料,产品不仅得到市场认可,还远销海外。但随着研发成果被别人抄袭,李书福毅然决定放弃装潢,进入另一个行业。第五次创业,李书福投身于一个新兴的行业——摩托车。李书福创办了第一个生产摩托车的民营企业,同年,创办了吉利。在吉利摩托车供不应求的情况下,很多企业也瞄准了这个行业,短短几年,几十家摩托车公司如雨后春笋般地在全国遍地开花。随后由于市场无序竞争,最终李书福又选择了退出。第六次创业,吉利在李书福的带领下转型做起了汽车,在汽车行业中,吉利经过多年的精耕细作及兼并收购,取得了很大的成功。现在的吉利,已经通过自己的实力证明了中国人完全有能力制造性能优越、物美价廉的汽车。

(案例来源:http://www.sohu.com/a/235555301_661064)

李书福的六次创业,都是主动去应对市场的变革,瞄准市场、适时转型,所以赢得了市场的认可,在各个领域都取得了成功。创业者在整个创业团队中永远居于最核心的地位,不仅是项目的总工程师,还是整个创业团队的精神领袖,不单要看清产品的市场定位,还要看透产品的市场前景,只有看透了,才能在市场中突围。

三、技术

拥有独到的见解或独特的技术是走向成功的关键,也是最难做到的一点。显然,独到的见解或独特的技术(当然最好是有专利)是企业的优势所在,就好比如果掌握了苹果公司的麦金托什微机操作系统,就掌握了其关键一样。企业家舒尔茨对此做如是解释:"如果你能竖起一座屏障挡住许多竞争者冒出来,在你立足之前抢走你的市场,你的成功机会就大大提高了。"

32岁的王涛创立中国唯一一家新型数据库研究公司

2014年底,美国商业杂志《快公司》中文版在评估上千家企业的创新表现后,推出了2014年中国最佳创新公司50强榜单。在这份榜单中,不乏腾讯、小米科技、奇虎360等充满创新智慧的大公司,来自广州的巨杉数据库也名列其中。王涛作为这家企业的创始人,同时获得了"全球商业最具创意人物100"的殊荣。

广州巨杉软件开发有限公司(简称"巨杉数据库")是国内唯一一家完全不基于其他任何开源数据库产品开发的新型商业数据库,创立于2012年。巨杉数据库专注新一代分布式数据库技术研发,自2011年成立以来,坚持从零开始打造分布式开源数据库引擎,是中国首家连续两年入选Gartner数据库报告的数据库厂商。巨杉数据库的主要产品包括SequoiaDB分布式关系型数据库与SequoiaCM企业内容管理软件,应用场景包括分布式在线交易、数据中台、分布式内容管理以及云数据库平台等。其品牌 logo 如图 3-4 所示。

图 3-4　巨杉数据库品牌 logo

巨杉数据库是研究大数据的存储与处理分析的。"我们的产品看起来跟普通市民相距较远,但是实际上又在百姓的日常生活中无处不在。像你去银行办业务排队拿号时,银行就可以用我们的软件,根据其既有的数据在后台自动分析你的风险偏好,然后理财经理根据分析结果,为你针对性地推荐理财产品。"王涛说。

高中毕业后去加拿大读大学,然后进 IBM 工作,但在 IBM 工作的第七年(2012 年),王涛遇到了一些变化。"2011、2012 年的时候,大数据行业不断兴起,我们发现当时在 IBM 做的 DB2 的数据库不符合未来的趋势,于是就在北美做了一个新一代分布式数据库引擎。但在大企业,进行革命性的创新是很难的,因此我最终选择了创业。"

放弃 IBM 舒适的工作环境回到国内,对于王涛来说,是一种主动的求变。"很多人问我回国的原因,其实很简单,在传统的数据库上,中国可能晚了欧美 20 年,但是在新数据库上,国内外都是同步的,我们的技术有优势。另外,斯诺登事件后,网络安全受到空前重视,这为大数据及其行业的发展带来了巨大的机遇。"

目前,巨杉数据库付费企业级客户与社区用户总数超过 1000 家,并已在超过 50 家 500 强级别的银行、保险和证券等大型金融机构核心生产业务上线。

(案例来源:http://tech.southcn.com/t/2015-06/30/content_127480479.htm)

案例分析

创业的技术要素,从根本上讲就是创业项目要有技术创新,大部分的成功创业项目都有其技术切入点。技术的门槛也许很高,又也许只是一个创意和创新点。有些创业者不具备掌握特定技术的能力,但创业项目本身要有一定的技术创新性,一旦创业项目没有技术上的核心竞争力,创业的路也不会走得太远。就如最简单的面馆,有的门庭若市,有的门可罗雀,关键还是产品的问题,配料、火候、配比,这些都是核心竞争力所在。

四、市场需求

创业者应如何了解市场需求?简单来说,凡是你或你身边的人觉得不方便的地方就隐藏着商机。比方说,如果你觉得吃早餐不方便,那肯定住在你附近的人吃早餐也不方便,就可以考虑开个早餐店。如果你是个孕妇,你发现到处都找不到孕妇专用的食品、服装等,你同样可以考虑往这方面发展。当然,这仅仅是第一步,下一步你得了解整个消费群体有多大,能否带给你足够的利润空间,投资额度多少,回报周期多长,这些都是需要考虑的市场因素。

很多创业者都会选择追寻潮流爆点,从中寻找商机。可是大多数热点商机在被发现后,都会被资金雄厚的集团快速占领,它们会以最快的速度占领这个市场,而这个时候,你就只能吃它们剩下的。其实,很多经验欠缺的创业者都错了,他们在寻找商机的过程中找错了方向。创业本身的意义在于瞄准市场空缺,解决现有问题,而非削尖脑袋追逐热点。这样的创业才有坚持的价值,才更有可能等到阳光的普照。

许多年轻创业者对市场上空缺的行业不敢做出尝试,害怕失败。因为尝试的人太少又或者没有成功的案例,甚至没人能做好这个行业。那么问题来了,这是不是就叫作"没有解决的现有问题?"如果说别人已经解决了问题,那这还能叫"市场空缺"吗?相反,投资者早就蜂拥而至了。真正的创业,就是能够发现别人发现不了的市场空缺,解决别人解决不了的问题。这样才能第一位占领空缺市场,开辟新大陆。

电商往事:淘宝和 eBay 中国的那场战争

中国许多互联网公司都有美国硅谷网络公司的影子。易趣最早把美国的 C2C 在线销售概念引入中国,到 2002 年,eBay 收购易趣,更名为 eBay.cn,一时间风头无与伦比,成为当时中国电子商务市场的老大,占有全国网购市场近三分之二的份额。后来淘宝于 2003 年 5 月成立,一路猛追猛打,到 2005 年,淘宝网购的市场规模超过 eBay 中国。随后淘宝更是高飞猛进,直到占据全国市场份额的 80% 以上,而 eBay 一路下滑,最终以退出中国市场收场。

短短两年的时间,为什么淘宝能从无到有,迅速占领电商市场,并击退强大的市场领先者?其实总的说来,淘宝依靠的是自身对中国市场的了解,从消费者入手,设计、推出一系列更加符合国内用户在线交易习惯的功能,所以才能迅速占领电商行业的半壁江山。

1. 从消费者入手,推出旺旺

在 C2C 这种没有品牌信誉作为支撑的模式下进行交易,买卖双方都不放心,因为谁都不知道对方是什么情况。淘宝一开始就推出了在线聊天工具旺旺,给予买卖双方即时沟通的便利,并能作为解决日后纠纷的凭证;而 eBay 对这种保护机制的关注却是远远不够的。旺旺的推出一下子拉近了陌生双方的沟通距离,虽然其也有不足的地方,比如导致无数卖家增添了许多重复的人工成本,但据淘宝内部的抽样调查,大约 90% 以上的交易都是通过旺旺沟通后下单的,可见这个工具的受欢迎程度。

2. 设计"担保"式交易,推出支付宝

买卖双方因为对风险的顾虑,谁都不愿意先发货或先付款,因此谁先付款谁先发货是在线交易最大的难题。淘宝依据对国内经商环境的把握能力推出了支付宝,买方付款后,支付宝先把货款压住,等到买方收到货物并确认无误后,支付宝才放款给卖方。这就很好地解决了买卖双方谁先谁后的问题。支付宝不仅起着支付媒介的作用,更具备了保护买卖双方正当权益的功能。

3. 建立买卖双方的评价体系

通过淘宝进行交易,通常卖家会更注重服务,因为卖家害怕消费者回头给他一个"差评"。淘宝的评价体系源于eBay,但设计考虑的因素比eBay更充分。它把一个比较模糊的百分制评价修改成金字塔式的等级制,这样一来卖家就有了向上发展的压力和动力,而买家不仅青睐好评率高的商家,更愿意和有良好销售历史的商家打交道。

4. 使用免费模式赢得市场

国内平台模式的电商,基本上都采用免费开店、免费上传商品来吸引商家。在电商市场发展的早期,淘宝就把免费武器在在线零售上运用到了极致,最终成为平台电商的行业霸主。

(案例来源:https://www.sohu.com/a/116520147_490130)

淘宝和eBay的竞争案例告诉我们,对创业者而言,要做的事情实在是太多太多。首当其冲的是要找到企业的核心竞争力——产品,发现商机,找到企业的盈利点。然后不断地将产品打磨升级,形成不但能够满足市场需求,还能在市场竞争中屹立不倒的优质产品。最终形成企业完整的产品体系。

市场中到处存在机会,即使是密不透风的成熟市场,依然有市场空白和市场盲点。要发现市场盲点,首先你对这个行业要熟悉,知道现有行业还存在哪些不能满足消费者需求,或者消费者还有潜在需求的市场空白。其次要对市场前景做出准确的预测,要有超前意识和预知能力。这部分盲点中,一部分是应新需求而生,但尚未引起广泛关注的行业,一部分是长期被忽视的行业。之所以长期被忽视,在于利润不高,大多数厂家不愿意倾力经营,但我国目前大多数产业的平均利润并不高,"不以利小而不为"应成为创业者的一种理念。打开市场缝隙,往往能出其不意,令人耳目一新。如快递市场已经被"四通一达"和顺丰、邮政控制着,那么快递市场是否存在市场盲点呢?答案是肯定的,那就是解决本地生活服务需求的同城快递。可见只要善于发现,机会到处都是。

认识创业

在决定创业之前,我们需要分析是否具备资金、创业者、技术和市场这四个基本要素,很多年轻的创业者失败了,归根到底就是不具备这四个要素。创业成功的方式有很多,但失败的原因却几乎一致,如果我们在创业之初能就是否具备这四个要素进行评估,在很大程度上可以避免创业的盲目性。

年轻的创业者要根据自身情况考虑,充分估量创业的困难,在思想和行为上做好准备。要正确地选择行业,对选择的行业要有充分了解和认识,对产品、行业以及客户都要有一定程度的把握,对资金需求量的大小、企业盈利或亏损有一定的预期。考虑周全所有要素,发挥自己的专业或是技术特长,抓取市场先机,占领市场份额。

> **我的目标和行动**

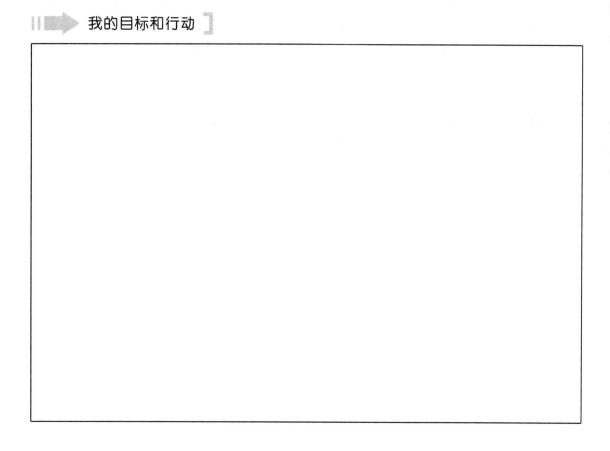

第二节　创业者的基本素质

敏感的创业者——刘永好

1951年,刘永好(见图3-5)出生于四川新津县,小的时候家里非常贫穷,以至于他在20岁之前竟没穿过鞋子。1982年,正当绝大多数人还抱着"铁饭碗"吃得有滋有味时,年过而立之年的刘永好毅然辞去了来之不易且令人羡慕的政府部门公职,兄弟四人卖废铁、手表、自行车、黑白电视机,凑足了1000元钱,下海自谋职业。当时,他选择的行当是别人不看好的农产品生产领域,他们从种植业、养殖业起步,创办"育新良种场",开始了向土地要财富的道路。刘氏四兄弟做出这样的抉择是很有胆量的。刘氏四兄弟大学毕业后都分配在国家单位工作,有着令人羡慕的舒适工作环境和稳定收入。在接下来7年的时间里,他们筹办起一家小良种场,专门孵化小鸡和鹌鹑,公司几经风险,兄弟四人近乎绝望,曾经在"跳岷江""逃新疆""继续干"三条路中选择,最后咬牙选择了第三条路。

1988年,刘永好出差到广州,偶遇广东农民排着长队购买泰国正大颗粒饲料,令他惊奇不

图 3-5　新希望集团董事长刘永好

已。他观看了饲料,索要了说明书,与排队客户摆起"龙门阵"。回到成都后,他向几位兄长介绍生产猪饲料的前途。刘永好说:"四川是全国养猪大省,养猪是四川农村经济的重要来源。泰国正大的猪饲料动摇了我国落后的喂养结构,应该把目光放到更广大的市场上,去搞饲料,搞高科技全价饲料。"

于是,刘氏兄弟经过认真研究,决定放弃养鹌鹑而转产饲料,并作了详细的战略部署。刘氏兄弟将资金全部投入到这个项目中,并聘请30余名动物营养学专家重点攻关。1989年4月,公司自行研发的"希望牌"乳猪全价颗粒饲料问世,一下子打破了正大集团洋饲料垄断中国高档饲料市场的局面。1993年希望集团成立,刘永言为董事会主席,刘永行为董事长,刘永美为总经理,刘永好为总裁、法定代表。希望集团的诞生给刘氏兄弟的事业发展带来了无限生机。

当时希望集团的大字标语遍布广袤的城乡大地——"希望养猪富,希望来帮助"。刘氏兄弟喊出这样的口号不是没有道理的。那时候,刘氏兄弟在饲料行业已经专注经营了4年多,创业的辛苦已经尝遍了,经验当然也就丰富了。

邓小平南方谈话后,希望集团走出四川,先后在上海、江西、安徽、云南、内蒙古等二十几个省、市、自治区开展与国有、集体、外资企业的广泛合作,迅速开拓了全国市场。

1997年,正当成都的房地产业刚刚完成了第一轮开发的积累,开始对已有的产品进行检点与反省,并准备进入由卖方市场向买方市场转变的"微利"时代的时候,刘永好又一次抓住了机会,进入到房地产业。"在最高潮,大家认为最好的时候,我们反而没有做。当然,没有挣钱也没有被套,我们抓住谷底攀升的时机,我们还要随着曲线上升。"当别人开始感到房地产这碗饭越来越难吃的时候,刘永好却意识到机会的存在。经过两年时间的论证,刘永好与房地产业的第二次握手取得了实质性成果:1998年,新希望成立了自己的房地产公司,在成都买下418亩地,进行规模房地产开发。但对精熟于饲料业的刘永好来说,房地产开发毕竟是个全新的领域。刘永好坦言:"房地产是我不熟悉的,作为一个战略投资者,我需要了解熟悉房地产市场,逐步弄懂它。所以现在,我把本来用于打高尔夫球的时间用来把握房地产市场,这是个挑战。"幸好学习对于刘永好来讲并非难事,据说,他最成功的地方正是"学习"。他把自己的时间一分为三,1/3用来处理新希望集团内部关键性问题,1/3用来跟一流人才打交道并建立各方关系,另外的1/3用来学习和研究企业发展问题。而这一方法是他出国访问时学习、吸收国外企业家的经验得来的。

刘永好有个随身带笔和本子的习惯,凡找人谈话或接受采访时,只要对方说得有道理,他便记下来。正是这种勤奋与孜孜不倦的追求,使得新希望的房地产开发再一次取得了成功,他的楼盘锦官新城一问世,首期开盘三天之内就销售了1.4亿元,创造了成都房地产的奇迹。

2000年,美国《福布斯》评定刘永好、刘永行兄弟财产为10亿美元,列中国大陆50名富豪第2位。这位曾赤脚走路的创业者,终于用他的勤奋和努力踩出了一条成功之路。

从刘永好的创业历程中,我们发现,刘永好的成功不是偶然,从他身上我们看到了创业者所需具备的很多素质。首先,要有过人的胆量。1982年刘永好的身份是老师,拥有令人羡慕的"铁饭碗",辞去公职意味着生活失去了保障,要承担创业所带来的风险。其次,要有敏锐的洞察力。当时,他们选择的行业是别人不看好的农产品生产领域,他们从种植业、养殖业起步,创办了"育新良种场",在农业领域的打拼经历,造就了其对农业有非常敏锐的市场嗅觉,偶然看到农民排队购买泰国正大颗粒饲料,他就嗅到猪饲料的市场前景。看到农民排队买饲料的人肯定很多,但为什么只有刘永好看到了商机,这就是对市场的敏感性差异。再次,必须具备非常强的心理承压能力,能承受陷入困境时的绝望,承受财务上的反复波动,承受个人情绪的起伏不定。刘永好兄弟四人在创业中曾经欠下了巨额债务,在走投无路之下,兄弟几人碰头商量着到底是跳岷江,还是隐姓埋名逃去新疆。但他们最终还是决定留下来,不逃避,而是勇敢面对并解决问题。这种绝望的经历,很多创业者都经历过,有的坚持了下来,有的选择了退出。有人认为创业和带兵打仗一样,风险系数很高,有的创业者血本无归,有的创业者实现了财富的倍增。你看到的是创业成功者现在光彩的一面,但其背后所承受的压力只有自己能够体会。

关键词:洞察力、胆量、意志力

一、敏锐的洞察力

敏锐不是神经过敏。神经过敏的人,像琼瑶小说里的那些角色,可以当花瓶,可以作茶余饭后的消遣,唯独不适合创业。创业者的敏锐,是对外界变化的敏感,尤其是对商业机会的快速反应。一些人的商业敏感来自耳朵,一些人的商业敏感来自眼睛,还有一些人的商业敏感来自自己的两条腿。

敏锐的洞察力也是一种直觉,就是方向感,这点非常重要。分析那些成功的人,很多人成功并不是因为学历有多高,而是他们能看到一些潜在的市场机会。这种洞察力是一种天赋,我们用分析工具去分析市场机会,有时候分析得再细致,也不如一些人通过直觉判断来的准确。

第一台MP3引爆市场

世界上第一台MP3的诞生,其实是有一个小故事的,故事追溯到1997年3月的一天,韩国三星公司一位部门经理Moon先生结束了美国的出差,在返回首尔的飞机上,用笔记本电脑看他的同事给他发的一份报告。这是一份图像、文字和MP3音乐合成的简报。Moon阅读完毕摘下耳机,发现他身旁的旅客正在听MD(MiniDisc),Moon顿时受到启发:要是电脑上的MP3音乐文件也能够直接用一个独立的播放器来播放,那不就是最好的音乐随身听吗?回到韩国后,他将这个想法提给当时的总裁尹钟龙,可惜的是,当时三星正在组织重整,无暇兼顾Moon

的发展提案。半年后,亚洲金融风暴的发生使三星公司受到巨大的冲击,Moon 也被迫提早退休。离开三星公司后,Moon 进入另一家韩国企业 Saehan(世韩)出任总裁,并将他的想法在 Saehan 公司转变为现实。1998 年,Saehan 公司推出了世界上第一台 MP3 播放器——MPMan F10(见图 3-6)。MPMan 取意于 MP3 与 Walkman 的结合。MPMan F10 的体积为 70 mm×90 mm×16.5 mm,约等于 4 个 1.44M 软盘堆叠起来的大小,体重为 65g,可谓非常轻巧。MPMan F10 没有任何的机械部件,信噪比达到 70dB,失真率为 0.01%～0.1%。播放时可显示音轨、播放时间,可编排播放顺序,支持低音/中音放大,电池状态检测和显示,依靠 2 个镍氢电池就能维持 8 小时的播放,即使在现在也并不会显得落后。然而这台容量仅有 32M 的 MP3 却需要花费 69 美元,在当时甚是昂贵,不过它的出现使得便携音乐载体有了质的飞跃。

图 3-6　第一台 MP3 播放器 MPMan F10

与此同时,当时全球音乐播放设备的龙头企业——日本索尼,认为 MP3 在音质上比不上 MD,固执地坚守 MD 市场,可大众消费者只想用最便捷的方式来听音乐,在音质上损失一些又何妨? 面对 MP3 播放器的冲击,索尼无视消费者的需求,孤注一掷地往 MD 上增加摄像等功能,想以此挽回市场。在赖以成功的音乐播放器市场,索尼输得一败涂地。

(案例来源:https://baike.baidu.com/item/MPman%20F10/12631114?fr=aladdin)

案例分析

市场的机会就在我们身边,面对每天在眼前溜来溜去的商业机会,有几个人是有眼力见儿的? 有些人的商业感觉是天生的,如胡雪岩,更多人的商业感觉则依靠后天培养。如果你有心做一个商人,你就应该像训练猎犬一样训练自己的商业感觉。良好的商业感觉,是创业者成功的最好保证。

案例2

陈索斌——耳朵听来的"金王"

陈索斌是一个"海归",在美国留过学,有经济学硕士的头衔。陈索斌所学与蜡烛无关,在创业之前亦从未与蜡烛行业有过任何接触,他的成功源自商业敏感。为什么他会选择时尚蜡烛作为自己的创业方向呢?据说在某年某月的一天晚上,陈索斌到一位朋友家中谈事,突然遇到停电,朋友的妻子赶紧找出一截红蜡烛点上,红彤彤的蜡烛一股股地冒着黑烟,忽明忽暗。朋友的妻子在旁边抱怨说:"如今卫星都能上天了,怎么这蜡烛还是老样子,谁要是能捣鼓出不冒黑烟的蜡烛,说不定能得个诺贝尔奖什么的。"就是这样一句话触动了陈索斌。1993年,舍弃"金饭碗"的陈索斌跟四个朋友拼凑了不足2万块,办起了一个小厂,研发美观无害的蜡烛,于是不久就有了"青岛金王集团"。再不久,"金王"成了中国的时尚蜡烛之王(见图3-7)。随着"金王"的成功,陈索斌自然而然也就成了亿万富翁。

图3-7 青岛金王集团的时尚蜡烛

案例分析

对蜡烛黑烟的抱怨,相信不只陈索斌一个人听到过,为什么只有他抓住了这个商机呢?这只能归结于陈索斌具有比一般人更为强烈的商业敏感度。

综合多方数据,我们发现,不论是卖汽水的街头摊贩,还是世界500强的CEO,其成功的道路都必然遵循着相似的规律:具备高人一等的商业敏感度。所不同的是,如果你只想开一家盈利不断的小卖店,也许具备优秀的财务敏锐度,能把握市场导向就足够了;但当你需要开拓一个市场或是开创一个全新的行业时,就需要具备良好的全局观以应对更复杂的内部结构和多变的竞争环境。商业敏感度很难依靠学习短期得到提高,只能在知识经验积累的基础上,靠不断地探索和实践去培养。年轻的创业者们应该把商业敏感度作为一项基础素质,不断加以培养和强化。

二、过人的胆量

提一个问题:什么样的人最适合创业?答案是赌徒。不是说赌鬼才适合创业,而是具有赌

第三章 直面自己,创业改变人生和世界

性的人适合创业。道理很简单,创业本身就是一项冒险活动,而赌徒最有胆量,敢下注,想赢也敢输,所以,他们最适合创业。科学研究发现,赌徒的心理承受能力远远强过普通人,而创业正是最需要强大心理承受能力的一项活动。

创业专家在研究中发现,大凡成功人士都具有某种程度的赌性,尤其是企业界人士。很多创业者在创业的道路上,都有过惊险一跳的经历。这一跳成功了,功成名就,白日飞升,要是不成功,就只好凤凰涅槃。

 案例3

巨人史玉柱的"赌徒"生涯

从巨人汉卡到脑黄金再到脑白金、黄金搭档、网络游戏,史玉柱(见图3-8)咸鱼大翻身,其在商业上的成功足以写入商学院的教科书。从几千元起家到荣登《福布斯》大陆富豪榜,再到负债数亿的"中国首负",又凭脑白金"咸鱼翻身",最后网游征途成功赴美上市,史玉柱在商业界的经历堪称传奇。

图3-8 商业传奇人物史玉柱

2013年4月9日晚,巨人网络宣布,史玉柱因个人原因辞去CEO一职。史玉柱功成身退。分析史玉柱的创业经历,给人印象最深刻的不是他的广告轰炸,而是他的赌性。在史玉柱的创业经历中,赌性起了重要的作用。史玉柱的传奇商途可谓历经数次豪赌,其中有输也有赢。

豪赌一:坍塌的巨人大厦——赌出来的失败。

1984年,史玉柱从浙江大学数学系毕业,1989年夏,他自认为自己开发的M-6401桌面文字处理系统作为产品已经成熟,便用4000元承包了天津大学深圳电脑部。1991年,巨人公司成立,推出M-6403。自此史玉柱开始了人生的第一次豪赌,也书写了跌宕起伏的商海浮沉录。

到1992年的时候,M-6403实现利润3500万元,巨人总部从深圳迁往珠海,为支持巨人集团,珠海市政府曾经批给其一块地。巨人准备在这块地上盖18层的办公楼。然而,在政绩工程的诉求下,有政府领导希望将巨人大厦建为中国第一高楼,所以楼层设计不断加码,从38层到54层再到64层。1994年初,在巨人大厦开工典礼时,史玉柱宣布,巨人大厦将建成为高78层的中国最高的楼宇。1994年底,巨人推出脑黄金等12种保健品。1995年1~3月,脑黄金的回款额达 1.9 亿元。1995 年,史玉柱被《福布斯》列为内地富豪第 8 位,脑黄金取代巨人汉卡成为巨人集团新的摇钱树,年利润总额超过 1 亿元。1996 年,巨人大厦资金告急,史玉柱将保健品的资金调往巨人大厦,可也未能填补巨人大厦留下的巨坑。1997 年初,巨人大厦因资金链断裂未能按期完工,只建至地面三层的巨人大厦停工了。随后,巨人集团的财务危机爆发,史玉柱也带着数亿债务,从公众视野里消失了。

史玉柱在珠海的一段豪赌以失败告终,但仅仅数年后,史玉柱奇迹般地复出,在保健品领域赌博成功,并很快还清了巨人大厦的所有债务。

豪赌二:50 万东山再起——收礼只收脑白金。

随着"巨人倒下",负债 2.5 亿元的史玉柱黯然离开广东,"北上"隐姓埋名了。但很快,凭借着借来的 50 万,史玉柱在保健品领域再赌了一把,并且奇迹般地翻身了。2000 年秋天,他悄悄还了所欠的全部债务。

多年后,这段经历被人们翻了出来,史玉柱商业天才的一面再次展示在世人面前。选择保健品,使自己东山再起,无疑是史玉柱这一生做过的很重要、很正确的一个赌博——史玉柱既没有选择自己最开始从事的 IT 行业,也没有选择最终造成他失败的房地产行业。

1998 年,山穷水尽的史玉柱找朋友借了 50 万元,开始运作脑白金。他把江阴作为东山再起的根据地。启动江阴市场之前,史玉柱首先做了一次"江阴调查"。他戴着墨镜走村串镇,挨家寻访,在聊天中进行第一手的调查。调查之后就有了家喻户晓的这句广告词:"今年过节不收礼,收礼只收脑白金。"

2000 年,公司创造了 13 亿元的销售奇迹,成为保健品行业的状元,并拥有全国 200 多个销售点的庞大销售网络,规模超过了鼎盛时期的巨人。

2001 年,黄金搭档上市,它的广告词几乎和脑白金一样俗气——"黄金搭档送长辈,腰好腿好精神好;黄金搭档送女士,细腻红润有光泽;黄金搭档送孩子,个子长高学习好。"

在保健品市场豪赌的成功并不是史玉柱商人生涯中最辉煌的履历,2007 年巨人网络登陆纽交所恐怕是史玉柱一生中光最荣的日子,而这一切,都源自史玉柱在互联网汹涌大潮袭来的时的一次豪赌——网络游戏。

豪赌三:迈向巅峰——豪赌网游登陆纽交所。

2003 年,史玉柱将脑白金和黄金搭档的知识产权及其营销网络 75% 的股权,卖给了段永基旗下的香港上市公司四通电子,转身投向互联网。

2004 年 11 月 18 日,上海征途网络科技有限公司正式成立,史玉柱始终认为,网络游戏的成功靠的就是两个因素:钱和人。史玉柱不缺钱,多年保健品业务积累的投资收益给史玉柱带来了巨大的资金,而恰好上海盛大的一个团队准备离开盛大并希望找到一个合适的投资伙伴,这又为史玉柱送来了人。

2005 年 11 月 15 日,《征途》正式开启内测。史玉柱如法炮制了保健品的推广模式,推广团队是行业内最大的,全国共 2000 人,目标是铺遍 1800 个市、县、乡镇。

2007 年 11 月 1 日,史玉柱旗下的巨人网络集团有限公司成功登陆美国纽约证券交易所,总市值达到 42 亿美元,融资额为 10.45 亿美元,成为在美国发行规模最大的中国民营企业,史玉柱的身价突破 500 亿元。

从脑白金到巨人网络,再到民生银行,史玉柱的赌注越来越大,赚钱的效率越来越高。仅仅 13 个月的时间,史玉柱在民生银行 A 股上的投资回报率就高达 90%,对于数十亿元的大投资,这一回报足以让任何实业投资难望其项背,就连屡现造富神话的网络行业也相形失色。资料显示,上海健特持有的8亿股民生银行A股,自2011年底至2015年为其赚取了40亿元人民币的账面收益,相当于巨人网络2011年净利润的5倍。

史玉柱的商业成功看起来是赌,其实又不是赌,创业需要胆量,需要冒险。冒险精神是创业家精神的一个重要组成部分,但创业不是赌博。创业家的冒险,迥异于冒进。有一个故事:一个人问一个哲学家,什么叫冒险,什么叫冒进?哲学家说,有一个山洞,山洞里有一桶金子,你进去把金子拿了出来。假如那山洞是一个狼洞,你这就是冒险;假如那山洞是一个老虎洞,你这就是冒进。这个人表示懂了。哲学家又说,假如那山洞里只有一捆劈柴,那么,即使那是一个狗洞,你也是冒进。这个故事的意思是说,冒险是你经过努力,有可能得到某种东西,而且那东西值得你去冒险。否则,你只是冒进。创业者一定要分清冒险与冒进的关系,要区分清楚什么是勇敢,什么是无知。无知的冒进只会使事情变得更糟,你的行为将变得毫无意义,并且惹人耻笑。

三、钢铁般的意志力

绝大多数人不愿迎难而上,为什么呢?因为人类天生喜欢选择那些容易走的道路,所谓捷径,其实就是精神法则中的付出最少法则。早在2002年,诺贝尔经济学奖得主Daniel Kahneman就详细阐述了大脑思维的一些偏好,如倾向于选择更轻松、更快捷的路径,并且有可能因一时冲动而做出选择。然而,创业者却偏偏选择执行困难的任务,面对前进道路上令人生畏的障碍,长期毫不松懈地奋斗。所以,他们需要抵御与生俱来的"轻松"偏好,而抗"轻松"的药方就是意志力。

中关村百万富翁第一人——王江民

王江民(1951.10.7—2010.4.4),北京江民科技有限公司(江民杀毒软件)创始人兼总裁,中国著名的反病毒专家。王江民40多岁到中关村创业,靠卖杀毒软件,几乎一夜间就成了百万富翁,几年后又成为亿万富翁,他曾被称为中关村百万富翁第一人(见图3-9)。

图3-9 江民新科技有限公司创始人王江民

王江民的成功看起来很容易,不费吹灰之力,其实不然。王江民困难的时候,曾经一次被人骗走了500万元。王江民的成功,可以说是偶然之中蕴含着必然。王江民3岁的时候患过小儿麻痹症,落下终身残疾。他从来没有进过正规大学的校门,20多岁还在一个街道小厂当技术员,38岁之前不知道电脑为何物。王江民的成功,在于他对痛苦的忍受力。从上中学起,他就开始有意识地磨炼意志。"比如说爬山,我经常去爬山,五百米高很快就爬上去了,慢慢地也就不觉得爬山累。再就是下海游泳,从不会游泳,容易喝到海水,到会游泳,最后即使在很冷的天也要下水游泳,使自己在冰冷的海水里提高忍受力。比如,别人要游到一千米、二千米,那么我也要游到一千米、二千米,游到二三千米再上岸的时候都不会走路了,累得站不起来了。就这样锻炼自己,磨炼自己的意志。"因此,当他40多岁辞职来到中关村,面对欺骗,面对商业对手不计手段、不遗余力的打击时,都能够坦然面对。

王江民最欣赏高尔基的一句话——人都是在不断地反抗自己周围的环境中成长起来的。王江民自己的经历也印证了这句话,所以,王江民顶得住任何压力。王江民成功的意义更在于他是创造奇迹的典范,在起点非常之低,低到在外人看来凭着王江民的外在条件,他根本就没有任何成功的可能性的情况下,王江民创造了中国杀毒软件行业的奇迹。

案例分析

王江民身残志坚,不做精神上的残疾人,而是成了IT业的弄潮儿,强大的意志力是其成功的主要因素。意志力不仅是人类释放自控力的发动机,还是一种自我能力的体现。有意志力的人,能够有效管理思想、情感,以及一些不良习惯,他们会为获得长期的利益而选择克制一时的欲望。要想做一个果断而顽强的,并且努力达成自己目标的人,意志力是至关重要的一个人格特征。创业者必须具备足够的意志力,这样才能克服创业道路上的重重艰难险阻。事实上,意志力对创业者们来说不仅是一种自控的能力,也是一种克制恐慌的能力,更是承担风险与应对挑战的能力。商界巨头和运动健将往往拥有钢铁般的意志。不过,意志力并不是一种天生的能力,许多专门从事自我管理研究的学者认为,每个人都可以练就这样的能力。意志力是自我管理良好的成果,这意味着,如果你想要争取某种还未成形的回报,那么就需要学会控制冲动、抑制放纵、坚持不懈地奋斗。

实战

评估自己的创业基因

创业圈里流行一句话——"做事像山,做人像水",意思是做人一定要低调、谦虚,但是做事一定要像爬山一样,不满足,不知足,不断超越自我。

创业者要有不怕失败的胆量,想改变自己现状的欲望。只有无所畏惧,创业者才会在跌倒之后重新爬起来,不断鞭策自己,不断追求卓越,不断开发自己的潜力。创业者除了不怕失败,能够经受挫折之外,还需要有明锐的洞察力。对于创业者来说,洞察市场机会比学习市场营销更加重要。洞察市场就是寻找用户的普遍共性,产品源于用户,创业源于洞察。洞察市场也是洞察用户需求,最终还是要到生活中去找寻,细腻地感知同质化的需求,挖掘一定场景下人性的共性。所有能力都是通过练习得来的,洞察力也一样。当然,创业者还应该具备许多东西,软件和硬件缺哪一样都不行。

第三章 直面自己,创业改变人生和世界

> 我的目标和行动

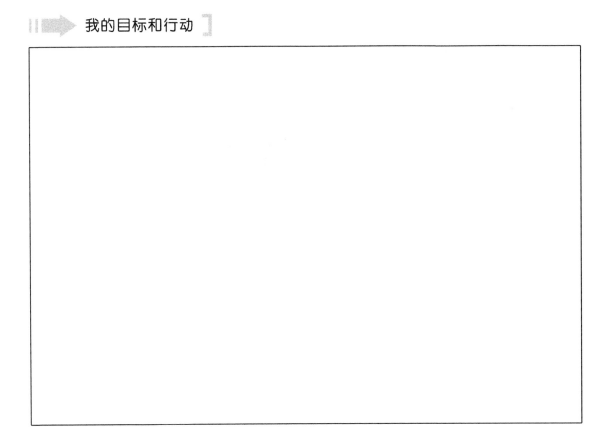

第三节 创业者必备的能力

每个人都是创业者吗?

1971年,孟加拉国脱离巴基斯坦独立之后,在美国任教的尤努斯回到孟加拉国参与祖国重建。当时他在大学教经济学,目睹了饥荒和人们的绝望。他发现很多村民迫于无奈去借高利贷,于是想自己虽不能为国家做什么事情,但一定可以帮助身边的村民。尤努斯自己当担保人,从银行贷款,再借给穷人,并帮他们想办法创业以偿还贷款。

1974年,穆罕默德·尤努斯在孟加拉国创立小额贷款,1983年,正式成立孟加拉乡村银行——格莱珉银行(见图3-10)。孟加拉乡村银行是利用社会压力和连带责任而建立起来的,是当今世界规模最大、效益最好、运作最成功的小额贷款金融机构,其模式在国际上被大多数发展中国家模仿或借鉴。2006年10月,尤努斯因成功创办孟加拉乡村银行,荣获诺贝尔和平奖。起初大家都认定尤努斯不会成功。为让大家相信每个人都是创业家,尤努斯在银行里设立了一项特别计划,该计划只针对乞丐。这种计划的贷款总额为10~15美元。银行工作人员告诉乞丐,让他们挨家挨户乞讨的时候,随身携带些小商品,譬如点心、糖果、玩具等,以此来换些收入。

创新创业启蒙

图 3-10　孟加拉国的格莱珉银行

现在已有将近 10 万名乞丐加入该计划,其中 10% 的乞丐不再以乞讨为生,他们现在是正常的小贩。

格莱珉银行还贷款给女性客户,让她们购买手机,然后带着手机走村串巷,如果有人向她们借电话,她们就把电话借给这些人使用并收取一定费用。当尤努斯把这个想法告诉别人时,他们都嘲笑尤努斯,说他疯了。如今孟加拉国共有 30 多万名"电话女郎"销售电话服务。尤努斯创建的格莱珉通信公司(Gremeen Phone)是全国最大的移动的纳税人。现在他们正努力把这些电话女郎转变成网络女郎,这样他们就可以同全世界取得联系。

案例分析

人人都可以创业,这本身并没有错,但能否成功呢,能否赚到钱呢?尤努斯开展乞丐贷款创业的结果显示,10 万名乞丐创业的成功率是 10%。这个成功率本身并不高,但也符合目前创业的成功率,这就说明了人人都可创业,但并不是人人都能创业成功。目前中国有 3% 的大学生进入创业行列,但成功率并不高,不到 5%,其中最大的原因就是创业的盲目性。随着经济环境的变革,新技术的不断涌现,经济体制日益宽松,市场环境更加开放,极大地促进了创业活动。但我们同时也应该明白,创业不能凭一时冲动,必须评估创业者的自身特质、所具备的条件以及相关市场因素。创业者本身应该是一个创新者,是创业项目的决策者和组织者,是风险的承担者,盲目的创业必然导致失败,不是所有的人都适合创业,更不是所有的人都能创业成功。从尤努斯的案例中,我们可以看到尤努斯的创业是成功的,但不是所有乞丐都适合创业。一个成功的创业者,他本身必须具备决策力、领导力、执行力、协调整合能力等关键的能力要求。

关键词:决策力、领导力、执行力、协调整合能力

学校毕业生自主创业者和受雇就业者基本工作能力水平比较如表 3-2 所示。

表 3-2　学校毕业生自主创业者和受雇就业者基本工作能力水平比较

重要性排序	受雇工作要求的基本工作能力	工作能力的能力满足度/(%)	离校时掌握的工作能力水平/(%)	自主创业要求的基本工作能力	工作能力的能力满足度/(%)	离校时掌握的工作能力水平/(%)
1	积极学习	85	54	有效的口头沟通	83	54
2	有效的口头沟通	85	51	说服他人	80	53
3	疑难排解	81	49	判断和决策	78	52
4	学习方法	85	55	谈判技能	76	43
5	服务他人	85	51	积极学习	83	57
6	理解他人	90	56	理解他人	89	59
7	说服他人	79	47	时间管理	79	55
8	时间管理	84	48	服务他人	85	54
9	谈判技能	80	40	技术设计	83	54
10	指导他人	87	51	新产品构思	85	53

一、决策力

优柔寡断是创业的大忌，如果你的性格中有很大一部分是这样的成分，那么你就要扔掉它，不然就不要选择创业。一个没有决策力的人是不可能成功的，只有懂得当机立断才能获得更多的机会，因为机会稍纵即逝。如果你是老板，拍板就是你必须要做出的选择，但是要记住这并不意味着冲动和武断。

作为创业者，可以和员工商议决定重大事项，但是最终做出决策的还是创业者本人。因此，创业者的决策力对企业的发展有着举足轻重的作用。有一些原则、方法可以增加决策成功的可能性。其中最重要的一个方法就是实践，决策是一门艺术，实践越多就越老练。例如，IBM 公司于 1982 年用 2.5 亿美元从美国英特尔公司手中买下 12% 的股权，此次购买带有一定的风险，决策者此举也带有一定的试探性，结果很令人鼓舞，公司凭借此举足以对付国内外计算机界的挑战。有了这一成功经验，该公司之后的决策就大胆多了。为了大规模占领市场，在 1983 年，该公司以 2.28 亿美元收购了美国一家专门生产电讯设备的企业（罗姆公司）15% 的股权，从而维持了在办公室全自动化设备方面的"霸主"地位。可见，适当的实践对决策者的正确决策有着至关重要的作用。因此，创业者一定要提高自己的决策力。

成功的创业者常采用七步决策法和决策表来提高自己的决策力。七步决策法即定义主要问题，然后找出问题的主要原因，确定可能的解决方案，评估可能的解决方案，选择最佳方案，执行方案，检验方案是否正确。

马云——精准的战略决策能力

马云（见图 3-11）曾经说过一句话："如果一个行业、一个项目，人人都在做，那么我最终肯定会放弃。如果在公司内部,一个方案出来,人人都对它表示支持,那么我最后一定会否决。如果一个项目,很多人说一年就会成功,那么我最终也不会去做。"他说这句话并不是表明自己在标新立异,而是说一个领导者应该有准确的战略决策能力。而哪些行业拥有前景,拥有未来,在当时的特定时代背景下,实际上是非常难看出来的,只有拥有睿智的眼光,才能做出准确的判断。如果一个行业,人人都想进入,一个方案或者项目,人人都想去做,那么你就很难取得成功。

图 3-11 马云

所谓创业,就是要创造出新的东西,或者做别人认为不可能成功的事情,这就要求创业者必须拥有风险意识,敢于冒着风险去判断一样东西是否拥有前景。马云因为偶然的机会去到美国之后,接触到了互联网,他当即判断互联网在中国拥有可观的前景,因此认定了互联网的创业之路。

1995 年,洛杉矶之旅让马云意外"触网"。马云意识到,互联网有一天会改变人类。于是,在 23 个人反对、1 个人支持的情况下,马云毅然决然地辞去教师一职,去实现自己的梦想。于是,中国黄页诞生了,马云要把"中国黄页"做成中国的雅虎。马云从来不在乎别人怎么看,他只相信并坚持自己要做的事情。阿里巴巴创立之后,B2B 模式并不被业界看好,网易 CEO 丁磊以及搜狐 CEO 张朝阳,甚至是阿里巴巴的一些投资者都曾质疑过阿里巴巴的模式。在创业的过程中,经常会由于资源的匮乏做出错误的战略判断。当时整个中国,不要说互联网,连电脑都没有多少,企业也没有利用互联网为自己产品作宣传的概念。单纯从资源上来看,当时互联网在中国的需求并不是很大,发展也具有很大的局限性。但是马云能够从长远的角度,判断出互联网在中国有庞大的隐性需求。这给了如今的创业者一个很大的启示,我们创业的起源,是寻找到市场中的痛点。正是由于痛点的存在,才会产生对应的需求。但我们寻找痛点的方式往往过于简单,并且受到了资源匮乏的误导。

乔布斯推出智能手机之前,如果单纯从表面的痛点需求来分析,当时的消费者并不会想到手机还能用来玩游戏、上网等,而当时的网络条件也很难给予智能手机的各项功能以强大的支持。马云能够跳出资源限制所带来的思考陷阱,用一个战略家的眼光看出未来中国的互联网技术会日渐成熟,中国消费者对互联网的隐性需求终究会变成显性需求,而事实也证明了他的猜想。

二、领导力

创业者会被看作是某种经济体的所有者或管理者,也可能会被视为某个团体的领导者。在商业情境中使用的很多技巧也可以应用于团体发展中。从创业者所承担工作的本质来看,创业者必须是领导者。成功的领导者要依靠他人来实现目标,创业者如何看待自己的员工将决定他们的领导风格。在很多情况下,员工所做的事情正是他们的雇主所期望的。换句话说,如果雇主纵容员工偷懒、不负责任,那么员工就更可能有偷懒、不负责任的行为;如果雇主希望员工承担责任,员工就更可能有责任心。美国企业管理协会提出的领导者素质要求如表3-3所示。

表3-3 美国企业管理协会提出的领导者素质要求

领导者的20种能力	1. 工作效率高	11. 善于利用谈心做工作
	2. 有主动进取精神,总想不断改进工作	12. 热情、关心别人
	3. 逻辑思维能力强	13. 能使别人积极而又乐观地工作
	4. 富有创造精神	14. 能实行集体领导
	5. 有很强的判断能力	15. 能自我克制
	6. 有较强的自信心	16. 能自行作出决策
	7. 能帮助别人提高工作能力	17. 能客观地听取各方面的意见
	8. 能以自己的行为影响别人	18. 对自己有正确估计,能以他人之长补己之短
	9. 善于用权	19. 勤俭艰苦,具有灵活性
	10. 善于激发别人的积极性	20. 具有技术和管理方面的知识

 案例2

从马化腾在微信朋友圈的表现,来看马化腾的领导力

知名媒体人程苓峰先生做记者时,就专访过马化腾和腾讯的数位高管,他自己也曾在腾讯工作过几年,对腾讯的认识和研究都很深。让我们来看看程苓峰先生是如何"从马化腾在微信朋友圈的表现,来看马化腾的领导力"。

程苓峰先生说:"在微信朋友圈里,我前所未有地认识了马化腾。马化腾极少主动发朋友圈,但他会点赞和评论,这些内容在意料之外,却又在情理之中。很多次,我都在感叹,原来他是这个样子的。"他举了七个例子,都是马化腾对其他人发的朋友圈的评论(见图3-12)。

第一个例子,一个创业者贴了一个小程序的二维码出来,马化腾在下面回复了自己使用这个小程序后的具体感受,并指出了几个bug:随便一试有几个碰钉子。第二个例子,一个上市公司CEO在朋友圈说,晚上12点刚开完会,还是要锻炼,决定跑步回家。马化腾就问,你是换了衣服再背着背包跑吗?那位CEO回答,办公室备了衣服,让司机把包送回家。马化腾又问,路上的人和车那么多,让司机送你到体育场或者室内跑,会更安全吧?第三个例子,腾讯请了很多媒体人在香港开发布会。一个知名媒体人在朋友圈发了一张照片,是从酒店房间向外拍的景色,桌子上有一本马化腾署名的书。这条信息下面还有微信自动定位到的酒店名字和地址。马化腾在下面留言说:你也来了?没人告诉我啊。第四个例子,一个投资人在朋友圈贴了一张自己孩子在船上钓鱼的照片。马化腾在下面留言:孩子太轻,小心安全。第五个例子,很多互联网

行业的人在朋友圈发表对行业和新闻人物的各种看法。马化腾经常会简单回复"赞同",或者是"不同意"。第六个例子,一个腾讯总监级的朋友发了几张少年时的家庭照。马化腾留言说:你跟你妈好像,你的手好长。最后一个例子,有人发朋友圈说:《三体》里说,智子锁死了地球科技。程苓峰就留言问:其具体实现机制是什么?是能量场吗?结果没想到,马化腾在这条朋友圈下回答程苓峰的问题说:不是能量场,是智能控制的能微观到基础粒子层面干扰地球基础科学家的实验结果而无从进一步发展基础科学。

程苓峰先生说,看完这七个例子,你可以自问,如果是自己,是否会回复;如果自己是一个掌管中国最大互联网公司的老板,是否会回复?如果不会,为什么?

他总结了自己的七个感受。

第一,马化腾是一个一眼看到底的人。这个说法来自柳传志,柳传志说能人分三种,自己能成事,能带一帮人成事和能一眼看到底。以跑步的那个例子来说,马化腾看到的不是片段,而是整个过程,比如上班带的包怎么处理,路上是不是会被车打扰。

图 3-12　马化腾的朋友圈

第二,马化腾不会因为一个事情太小而不去做它。上面马化腾的回复,很多都是针对细节或很小的事,比如马化腾会看腾讯几百个总监中其中一个总监发的老照片,然后表达自己的感受;在使用一个创业者的小程序后认真地把 bug 写出来。程苓峰说:"可能马化腾认为,似乎可有可无的细节其实决定了很多事情。"

第三,马化腾不回避表达自己的看法。他会在朋友圈简明地表达对行业看法的认同或不认同。

第四,马化腾会表达自己的温情。程苓峰说:"我不觉得马化腾是一个做作的人。作为一个世俗的强者,当他想要表达温情的时候,我觉得他是认为温情很重要。或者换句话说,马化腾知道人们在意什么,而他也乐意真实地给予。"即使当马化腾表示不同意你的观点时,也不是以情绪化、伤人的方式。

剩下的三点感受分别是:马化腾非常的精准和务实;马化腾精力旺盛;马化腾是一个平凡的人,他的修为是在平凡琐碎的事情里累积出来的。

程苓峰先生说,如果你也拥有这些品质,那么你也有能力获得世俗意义上的成功。但很多人做不到,原因是心力不足。我们都知道什么是对的,什么是应该做的。但我们心力不足,总是多多少少、早早迟迟地妥协了。一个心力极其强悍的人,才能在许多年的日日夜夜里坚持着,对于所有想做的、想达成的,不知疲倦地一次次地练习,让自己一点点地精进,一步步地成长。

那么,马化腾为什么会有如此强大的心力?程苓峰先生说,他也不知道答案。但是,他认为马化腾曾说过的一句话,已经透露了答案:只要埋头过完自己的坎,自然有人会分心落后。

(案例来源:http://www.sohu.com/a/206214499_694623)

三、执行力

马云说:阿里巴巴不是计划出来的,而是现在、立刻、马上干出来的。更有金玉良言:一流的点子加上三流的执行力,与三流的点子加上一流的执行力,哪一个更重要?后者远比前者重要。

相对于战略而言,执行是对一个团队的真正考验,也是衡量一个团队是否形成的标志。"天使在想象之中,魔鬼在细节当中。"好的战略往往是激动人心的,但在实现的过程中却总会出现无数意料外的事情。

那么,创业者该如何打造团队成员的执行力呢?

(1)制定有效的执行规则。要想最大限度发挥团队成员的执行力,就需要制定合理有效的执行规则。相信最切实有效的规则就是奖惩制度了,奖励正确的行为,惩罚错误的行为,并且要做到人人平等。对奖惩制度一定要严格执行,否则团队执行力一定会大打折扣。

(2)培养集体责任感。责任感是任何一个岗位都必须具备的基本素质,创业团队中每个成员都是独立的个体,而且都有自己的个性,都有自己的职责。所以创业团队要共同完成一个创业项目,就必须有足够的责任感,各尽其责,真正地把集体的责任当作自己的责任。

(3)打造集体荣誉感。俗话说:"一根筷子轻轻被折断,十根筷子牢牢抱成团。"当今社会,单打独斗的个人英雄主义已经过时了,成功还是需要靠团队的力量。因此,只有培养出创业团队成员的集体荣誉感,才能让团队更好地发挥力量,从而保持其高效的执行力。

执行力是创业项目成功的保障,是发挥创业团队最大潜力的基础,事必躬亲固然能够让创业者放心,但是并不一定有利于创业项目的长远发展,唯有提高创业团队每个成员的执行力,才是创业成功的不二选择。

案例3

任正非的"西点军校"——强大的执行力与领导力

西点军校作为美国乃至世界有名的军队院校,既为美国军界和政界培养了大量杰出人才,也为美国商界造就了大批精英。有人做过统计,近20年来,全球500强中从美国西点军校毕业成为董事长的有1000多人,成为副董事长的有2000多人,成为总经理或者董事的也有5000多人。为什么培养了企业领导人的不是商学院,而是西点军校呢?西点军校之所以能够培养出如此多的优秀人才,与其在对学生进行培养教育的过程中所推崇的强化执行力不无关系。向西点军校学习执行力的强化,有助于企业提升整体管控水平,强化执行意识,增强企业的向心力和凝聚力,促进企业更好更快地发展。

2016年,华为销售收入达到近6000亿人民币,同比增长32%。一个有着17万名员工的科技型巨无霸公司,将自己的产品和解决方案应用到全球170多个国家,服务于全球运营商50强中的45家及全球1/3的人口。

作为华为的创始人,任正非(见图3-13)所占公司股份比例不超过1.5%,董事会也采用了轮值CEO制度,但任正非依然掌握着华为的话语权,其强硬的军队式领导风格与他曾经的从军经历有着很大的关系。在任正非亲自主持的会议上,人们发言都是直奔主题。他从军队继承的"攻无不克"的精神成了华为强大执行力的来源。对于他下达的指令,下属只管去执行,千万不要在他面前找理由说办不到。在执行过程中你可以及时反馈问题,只要尽了努力,无论结果如何，任正非都会做出客观的评判。

图3-13 华为创始人任正非

这就是任正非的风格，提出的目标让你喘不过气来，只有努力向前而没有动摇的余地。在创立华为时，任正非早已过了不惑之年。对于很多人来说，已是人生开始走下坡路的时候。但在任正非看来，所有的事情都有困难，时间不应该成为借口，只有立刻去思考、去执行，才是一个称职的员工或管理者。

（案例来源：http://www.360doc.com/content/17/0325/19/29712886_640080963.shtml）

华为的成功自然有千万条理由，其中执行力应当排在首位。创业，执行力必须强！被灌输过各种鸡汤的创业者深知意识的能动作用，更是对创业的战略目标抱有强烈的期待和信任。确实，战略目标点明了公司前进的大方向，保证了团队在行进中不会因为种种原因而迷失，减少了弯路。然而，战略只能保证"做正确的事情"，目标的最终实现，靠的是团队的执行力，保证"把事情做正确、做好"。如果我们说企业的发展有20%是靠企业的战略策划，那么，剩下的80%则是靠企业各层管理者的执行力。

四、协调整合能力

协调能力是决策和管理过程中的指挥才能，根据一定的组织架构，分配和组织人力、财力、物力，以获得最佳的效果。协调能力包括人际关系协调能力和工作协调能力两部分。创业者和管理者必须具备有效的人际沟通能力、人际交往能力和员工激励能力，妥当的处理与外界的关系，尤其要争取政府、工商以及税务部门的支持与理解，同时要善于团结一切可以团结的人，团结一切可以团结的力量，求同存异，共同协调发展，做到不失原则、灵活有度，巧妙地将原则性和灵活性结合起来。

整合能力就是把零散的资源通过某种方式连接，从而实现企业系统的协同工作和资源优化，最终形成有价值、有效率的整体。资源整合是系统论的思维方式，就是通过组织和协调，把企业内部彼此相关却彼此分离的职能，以及企业外部既有着共同的使命又拥有独立经济利益的合作伙伴整合成一个为客户服务的系统,取得1加1大于2的效果。企业的资源整合包括内部整合和外部整合。内部整合主要是企业组织架构的有效运作和人力、物力、财力的合理调配。外部整合主要是要充分利用外部资源,更好地为本企业的发展服务。

牛根生创业整合资源

没有任何资源,难道就不能做事情,不能创业吗?我们不能被眼前的困难吓倒,要明白一个道理,资源是可以整合的。没有工厂,可以借别人的工厂生产,没有品牌,就先做别人的品牌,在积累了一定基础后,再做自己的品牌,同时也可以整合其他品牌资源。

牛根生(见图3-14)是这方面的牛人,牛根生刚开始只是伊利的一个洗碗工,后来凭着自己的勤奋和聪明成了生产部门的总经理,最后因各种原因被伊利辞退了。他那个时候已经40多岁了,去北京找工作,人家嫌弃他年纪大。没有办法,他又回到呼和浩特,邀请原来伊利的几个同事,一起出来创业,人有了,但是又面对着没有奶源,没有工厂,没有品牌的问题,每一项都是致命的。于是牛根生开始资源整合了,他通过人脉关系找到哈尔滨一家乳制品公司,这家公司设备都是新的,但是生产的乳制品质量有问题,同时营销渠道这一块没有打通,所以产品一直滞销。牛根生马上找到这家公司的老板说:"你来帮我们生产,我们这边帮忙技术把关,牛奶的销售和铺货我们也承包了。"这位老板一听,马上答应下来,这就解决了第一个问题——工厂的问题。他们几个一起出来创业的伙伴也有了落脚的地方,解决了生存的问题。

图3-14 蒙牛董事长牛根生

第二个问题,没有品牌怎么办?在乳制品这个行业,没有品牌很难销售,因为品牌代表着安全可靠。牛根生借势整合,打出口号:"蒙牛甘居第二,向老大哥伊利学习。"口号一出,让伊利哭笑不得,一个不知名的品牌马上全国闻名。牛根生不只是盯着伊利,而是把自己和内蒙古的几个知名品牌都联系起来,如"伊利、鄂尔多斯、宁城老窖、蒙牛为内蒙古喝彩!"因为前三个都是内蒙古的驰名商标,把自己放在最后,给人感觉蒙牛就是内蒙古的第四品牌。牛根生整合品牌资源,让蒙牛只花了很小的代价就成为知名品牌。

第三个问题,没有奶源怎么办?自己去买牛养。第一头牛很贵,也没有那么多人员去照顾,蒙牛整合了三方面的资源,第一是农户,第二是农村信用社,第三是奶站。信用社借钱给奶农,蒙牛作担保,而且承诺提供销路,奶牛生产出来的奶由奶站接收,蒙牛定时把信用社的钱还了,把利润又给了奶农。还喊出了一个口号:"一年养10头牛,过的日子比蒙牛的老板还牛。"

(案例来源:https://www.jianshu.com/p/f9e2fb0e3c38)

很多事情,不是只凭自己就可以做到,即使自己能做到也很难做好,而且会花费太多的人力物力。这个时候,我们就要整合资源,发挥自己的长处,整合别人的优势,用更少的成本创业,甚至零成本创业都有可能实现。

职业生涯规划

个人职业生涯规划是指个人在掌握自己兴趣、爱好、特长的前提下,在认真分析自己性格、能力、特点和内外部环境因素的基础上,结合自己所学专业及知识技能结构,以实现个人发展的成就最大化为目的而做出的行之有效的安排。

职业生涯包括一个人从职业学习开始到职业劳动,以至最后结束这一生的职业工作所经历的全部过程。个人职业生涯规划分为自我评估、环境评估、目标确定、制订行动计划和措施。自我评估主要是认识自己,包括兴趣、爱好、特长、性格、能力、学识、潜力以及存在的不足,自我评估需要解决我想干什么、我能干什么、我应该干什么的问题。环境评估主要是分析与个人职业目标相对应的外部客观条件,主要包括家庭条件及支持程度、社会经济发展水平,重点分析行业发展现状和市场前景。目标需要根据自我评估和环境评估来确定,需要注意的是,我们所确定的职业目标,一般指5年左右的短期目标,长期目标不是我们职业生涯规划所要关注的重点,长期目标时间跨度太长,环境的变化很难预测。所以我们在制订行动计划和措施时,需要具有可操作性并注意具体落实,要紧扣目标的实现。

个人条件分析	
兴趣	
性格	
能力	
潜力	
存在的缺点	

外部环境分析	
家庭条件分析	
社会经济发展水平	
行业发展动态及前景	
市场需求	

目标确定

计划实施和行动

第四章
站在风口，猪都可以飞起来

CHUANGXIN
CHUANGYE
QIMENG

互联网的下一个风口在哪里？

扫二维码看视频：央视网《对话》20160703——互联网的下一个风口。

李彦宏：互联网即将迎来发展的下一幕，而推动其发展的核心动力，不是大数据，也不是云计算，而是人工智能。

马云：数据将是未来创新社会最重要的生产资料，人类将离不开数据。我们必须在数据技术的投入和发展上不惜一切。

姚劲波：协助我们服务的每个商户能够更有效率地利用互联网，提供更好的服务，这是下一个10年58同城专注的发展空间。

王兴：中国企业尤其是中国互联网企业的国际化，可能是一个风口。

马化腾：未来是传统行业利用互联网技术在云端用人工智能的方式处理大数据。

美国科幻作家威廉·吉布森（见图4-1）说过："未来已经来临，只是尚未流行。"而对于当下的互联网来说，下一个风口已经来临，只是尚未被广泛认知。现在，你感知到了吗？

图4-1　威廉·吉布森

本章考核和评价的内容为学生是否具备寻找风口企业，进行创新创业的几种思维。让学生以创业项目书的形式，以小组为单位通过网络等渠道查找相关信息，确定自己将来要进入的行业及竞争优势，根据创业项目书的内容，对小组进行考核评价，考核评价表如表4-1所示。

第四章 站在风口,猪都可以飞起来

表 4-1 考核评价表

	评价项目	评价内容	分值	小组评价	教师评价
创业项目书	寻找风口企业的思维	是否契合科技进步和社会发展	10		
		是否契合用户痛点和社会问题	10		
		是否契合国家政策法律动向	10		
	技术创新与商业模式创新的融合思维	技术创新的程度	5		
		商业模式创新的程度	5		
		两者融合的程度	10		
	改写商业规则的思维（产品优势）	是否超越现有需求	10		
		是否选择性差异化	10		
		是否提升业界忽略要素	10		
	寻找新兴产业的思维	是否寻找到痛点	10		
		是否满足消费者需求	10		
		总评			
个人学习总结					
教师总评					

学员签字：　　　　　　　　　　　教师签字：

第一节　寻找风口行业

每日优鲜的无人货架

2017年下半年,新零售的概念火爆全国。什么是新零售？阿里巴巴给出的解释就是,以消费者体验为中心,从"货—场—人"到"人—货—场"的转变,从单一零售形态转向多元零售形态,从"商品＋服务"到"商品＋服务＋内容＋其他"的转化。无处不在的消费场景,灵活方便的社交体验,可追踪、可优化的数据分析,让线上线下相融相生。一时间无人便利店、无人货架的口号喊得震天响,虽然无人便利店的实现可能还存在技术难度,但是无人货架因为看上去简单且容易入手，因此不少人趋之若鹜。从猩便利、七只考拉，到番茄便利、果小美，无人货架的竞争越演越烈，围绕着老百姓餐桌的生鲜O2O电商平台——每日优鲜也不甘示弱，以"便宜购"模式卷入了战事。每日优鲜无人货架如图4-2所示。

图 4-2　每日优鲜无人货架

每日优鲜成立于2014年11月，其经营模式是在网络销售水果、蔬菜、肉蛋、水产、乳品、零食、速食、饮品、轻食、粮油、日用百货等11个品类，在15个城市建立了"城市分选中心＋前置仓"的冷链物流体系，拥有完善的选品、采购、仓配等环节。

在每日优鲜公开的用户画像中，58%的用户是25～39岁，49%的用户月收入为1万～3万，56%的用户已婚有子女，60%的用户从事互联网、信息、金融、文娱等行业，这个用户画像和办公室白领的重合度极高，因此每日优鲜为自己的用户提供"便利购"，即办公室零食柜在理论上是成立的。

通过大规模采购商品以降低成本，通过强大的渠道销售能力投放到"无人货架"网点进行销售，从中赚取差价是"无人货架"的基本模式。在这过程中的主要成本是采购成本、仓配成本、租金、补货员工的工资以及损耗，每个网点的投入成本为三千至五千元，据了解，在这种模式下，如果投放的均为利润高、消费量大的货品，其毛利率能达到35%，如果网点布局比较合理的话，每天的流水甚至可以达到一千至二千元。由此可以得出结论：无人货架在现今这个时代可以说是很好的商业模式。

2017年6月，每日优鲜开始内部测试，主要提供热柜、普通货架、冷藏柜和冷冻柜四种无人货架，销售酸奶、水果、零食等商品。购买方式为通过微信小程序自主支付购买。2016年12月底每日优鲜进驻了10个城市，投放达到18000个网点。

总结：拥有供应链和仓配基础，同时用户非常匹配，而且商业模式成立，经过测试已经成功，所以"每日优鲜"做无人货架显得水到渠成。

案例分析

创新工场是一家以培育创新人才为宗旨的科技含量极高的现代企业,它为广大的创业人才提供了大量的投资资金和创业平台。《每日经济新闻》记者最近就该企业在无人便利店领域投入大笔资金的举措采访了其华南区总经理兼投资总监熊昊。熊昊表示,现在国内零售便利店正处于快速发展的成长期,无人便利店可以较容易地进行差异化切入,和市面上现有的行业进行竞争。由于无人便利店可以在保证用户体验的前提下较大程度地缩减人力成本,而且单位面积的盈利能力高,因此这种商业模式比较有利于快速扩张。

熊昊称:"无人便利店是目前的发展趋势,将会较快速地发展。原因有三:第一,国内便利店的数量与消费者的需求相比仍有不足;第二,用机器代替人工的现象在这个互联网时代的各个行业内不断发生,便利店行业也不例外;第三,无人便利店占地面积普遍只有20～40平方米,与711、全家等动辄超过100平方米的便利店相比,占地面积较小的无人便利店可以进入它们无法触及的小型社区、风景区和工业区里面。与其进行差异化竞争,这种新的商业业态和场景,值得我们予以大笔资金的投资。"如图4-3所示为欧尚无人便利店。

图 4-3　欧尚无人便利店

为什么无人便利店忽然受到众多投资人的广泛关注?对此,羚羊创投创始合伙人张坤分析:"零售业一直在探索如何升级传统零售,但是此前的探索一直针对线上,没有对线下进行挖掘,因此目前这种探索到了临界点;另外,以前做无人售货,商家收取货款是依靠人们的自我道德约束,消费者不支付货款的违约成本过低,而现在微信、支付宝等支付方式的完全升级,已经可以支撑无人售货。消费者购买习惯的改变也是无人便利店发展的一个重要因素,由于消费者对产品需求很明确,导购的角色被严重削弱,消费者的注意力逐渐从沃尔玛这样的大型超市转向了全家这样的小型便利店,无人售货店也就慢慢开始被大众接受。

关键词:拥抱互联网、新技术、解决痛点、消费升级

创业的人和正准备创业的人,最关心的话题可能就是下一个风口行业是什么,其实,下一个风口会是什么,谁也没办法准确地回答。因为市场环境在不断地改变,社会环境也在不断变化,谁也不知道明天会发生什么颠覆性的社会或市场变化,想靠静态做出推导来预测动态的未来,显然是不现实的。

但是,任何事物的发展与变化都是有因果关系与内在规律的,用创新的思维去思考生活的点滴,下一个风口便能初见端倪,但是风口往往是最残酷的角斗场,抓住风口并不等于成功。风口行业对创业者的各种能力要求都非常高,因为无数的挑战者会不断涌入,因此先行者失败的概率反而可能会更大。结合自身优势找到一个未来有不错前景的行业,对于一般创业者来说是更实际的选择。

一、在科技进步与社会发展中寻找

商业风口或市场机会一定是伴随着科技进步与社会发展而产生的,这是商业发展不变的规律,比如当下的共享出行这个风口,就是在移动互联网技术与智能手机普及的前提下所产生的(见图4-4)。尤其是一些新技术的商用,往往会催生一些新的行业,也会摧毁一些行业,这个过程通常会产生风口级别的行业。

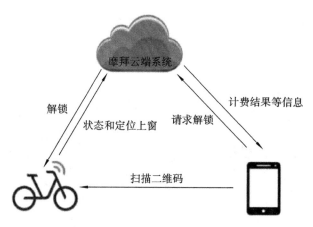

图4-4 共享出行——互联网与智能手机的结合

观察社会上出现的现象级别的社会发展动态与科技的突破及技术成果商用,就可以掌握预测商业机会的有力依据。但思维要开阔,不要仅把眼光放在新生事物本身,如共享出行领域,成就该行业的是移动互联网与智能手机,但是这两者和出行、交通等领域并没有直接关系。

1849年的美国正值淘金热潮的巅峰,当时第一批踏上美国大陆的移民几乎一穷二白,为了维持生计只能拼命工作,于是越来越多人涌入加利福尼亚州挖矿淘金,形成了当时的淘金热。矿工们的工作性质使其衣裤特别容易破损,于是当时就有一些工厂用"热那亚的帆布"生产工作裤,并把这种帆布制成的裤子叫作Genoese,最后演变成Jeans,也就是后来被世人所广泛认可的牛仔裤。矿挖完了,可是牛仔裤却留了下来,形成了一个巨大的产业并经久不息。

这就是透过一个现象看到背后或相邻机会的思维方式。

案例1

摩拜单车的成长之路

2014年,胡玮炜回到杭州,希望能租一辆公共单车骑行出游,但办卡的小岗亭关门,最后这次计划的骑行没有成功。同年,她在瑞典哥德堡再次遭遇租赁公共单车失败的经历。于是胡玮炜从汽车行业的朋友圈里拉了一支团队,成立摩拜单车项目。

2015年1月,胡玮炜成立北京摩拜科技有限公司,并拥有了自己的自行车制造工厂。胡玮炜创办摩拜是通过技术创新结合新型商业模式寻找解决城市出行"最后一公里"难题的有效途径。摩拜单车(见图4-5)的出现,有效实现了让自行车回归城市,用骑行去改变城市的目标。

图4-5 解决最后一公里难题的摩拜单车

2016年4月22日,摩拜单车正式上线,并在上海投入运营,9月1日正式进入北京。2017年1月13日,胡玮炜和另外6名不同专业、领域的专家、企业家受邀参加李克强总理主持的座谈会。3月11日,参与文化情感类节目《朗读者》的录制。6月13日,摩拜单车登陆英国曼彻斯特,并同步进入毗邻曼彻斯特的索尔福德,最初将投放1000辆自行车。2018年4月3日晚间,摩拜召开股东会议表决通过美团收购案。知情人士称,美团以35%股权、65%的现金收购摩拜单车。

二、从用户痛点与社会问题入手

痛点原指通过外力对人身体的某个部位进行一定力度的按压,最难忍受疼痛的那个反射点就叫痛点。在商业市场中,痛点是指市场不能充分满足,而客户迫切需要满足的需求。在移动互联网时代,用户的价值不言而喻,只有具备用户思维,才有可能做出爆款产品,在激烈的竞争中脱颖而出。找到用户的痛点,基本就等于拿到了解决问题的钥匙。很多产品之所以能成功,就是因为很好地切入了用户痛点,并不断深化,提出一整套解决方案,用最方便、最简单的形式来服务用户。痛点对应的群体越大,出现风口的机会就越多。

依然以出行领域为例,过去找出租车很麻烦,要走到繁华的街道才有,在寒冷的冬天更难打到车,难得来一辆,司机还挑活,司机的素质也有很大差异,有的司机在遇到外地人时还会绕路、拒载。司机这边也有很多烦恼:要在大街上转圈找乘客,既浪费时间还耗油,顾客的素质良莠不齐,不文明行为、付假币、赖账等情况时有发生。这几乎成了一个关乎所有人的社会性痛点,于是就有了网约车平台——对接供需双方,提高效率,同时用平台的力量约束与规范司机及乘客的行为,让诚信、遵守规矩的人可以享受到最便捷的服务与收益。这种现象级的社会痛点,自然就催生出了风口级的行业。

案例2

800亿美金市值的滴滴是如何深挖用户痛点的？

打车难确实是出行者的真实感受，可是换个角度想，出行者的需求就是要花较少的时间和费用打到车。如果有一款软件能够满足出行者的这种要求，我相信他们绝对不会拒绝。因此在出行者中推广打车软件并不难，难的是让司机也认可这款软件。面对人多车少的局面，出租车司机们从来不缺订单，也很少用智能手机，因此，在创业初期，滴滴公司需要解决的第一个难题就是想办法说服广大司机认可并安装打车软件。滴滴创始人程维在走访了很多出租车司机后发现，他们在接单过程中也遇到了很多问题，油价过高、路上堵车、价格低、份子钱高等都让司机感到非常的头痛，不过最大的问题还是空载率居高不下。司机把乘客送到指定地点以后，想再接下一单完全凭运气，每天大部分油钱就花在空载上面了，实在是一个很大的浪费。好，既然如此，那滴滴就帮你解决痛点，我们能帮你降低空载率，省更多的油钱，接更多的订单，赚更多的钱，你用吗？

2012年7月10日，北京小桔科技有限公司成立，经过3个月的准备与司机端的推广，打车平台9月9日在北京上线。

2012年12月2日，软件开通了预约功能，可以即时预约次日乃至第三天的出租车；增加了加价功能，在高峰期或者不好打车时，提供加价方式来提高叫车的成功率；省掉了注册和登录流程，让用车更加便捷。

2014年1月，与微信达成战略合作，开启微信支付打车费"补贴"营销活动。

2014年3月，用户数超过1亿，签约司机数超过100万，日均成交量达到521.83万单，成为移动互联网最大日均订单交易平台。

2014年5月，产品正式命名为"滴滴打车"（见图4-6），寓意"滴水之恩，涌泉相报"。

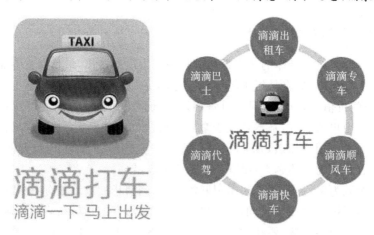

图4-6 滴滴打车

2015年，滴滴打车为了更好地为3亿出行用户提供服务，将app、微信公众号、QQ、网页版的在线客服后台统一接入IMCC系统，帮助滴滴打车高效地完成了跨渠道、跨平台的在线客服管理。

2015年7月6日，滴滴打车内测"拼车"系统。该套系统将作为滴滴打车的底层构架，在出租车、专车以及快车等所有滴滴的服务平台上线。通过这套系统,出租车、快车、专车上的每一个座位都将成为一个独立的可售资源。

2015年9月9日,"滴滴打车"更名为"滴滴出行",并启用新logo——一个扭转的橘色大写字母D。

2018年9月12日,第三方调研数据显示,滴滴已占据国内打车软件市场99%的份额。

三、关注国家政策法规动向

关注国家政策与法规的变化,宏观政策对市场的直接或潜在影响十分巨大,这一点在全世界都一样。往往一条法规就可以决定一个行业的兴衰,而一些宏观的方向性政策规划,更能对未来的市场产生深远的影响。政策是机动的、灵活的、多变的。法规是相对固定的、恒定的。所以说,世界上任何一个国家都要讲政策,或者说都要讲政治。做企业也一样,保持对宏观政治、经济、民生等政策的敏感性,深刻解读新政策法规,从中能发现未来的商业机会。

例如《中国制造2025》,是中国政府实施制造强国战略第一个十年的行动纲领。它提出,坚持"创新驱动、质量为先、绿色发展、结构优化、人才为本"的基本方针,坚持"市场主导、政府引导,立足当前、着眼长远,整体推进、重点突破,自主发展、开放合作"的基本原则,通过"三步走"实现制造强国的战略目标:第一步,到2025年迈入制造强国行列;第二步,到2035年中国制造业整体达到世界制造强国阵营中等水平;第三步,到新中国成立一百年时,综合实力进入世界制造强国前列。

《中国制造2025》还提出了"一二三四五五十"的总体结构。其中"十"指十个领域,包括新一代信息技术产业、高档数控机床和机器人、航空航天装备、海洋工程装备及高技术船舶、先进轨道交通装备、节能与新能源汽车、电力装备、农机装备、新材料、生物医药及高性能医疗器械等十个重点领域。各级政府出台了各类政策与法规,为这些领域的发展奠定了坚实的基础,借助这些利好,对应企业、公司的发展也就顺风顺水了。

 案例3

顺势而为——机器换人

我国目前大力推动传统制造业实现产业转型升级,机器换人是其中一项重要举措。机器换人是以现代化、自动化的装备提升传统产业,推动技术红利替代人口红利,成为新的产业优化升级和经济持续增长的动力之源。这一举措对于技术进步、提升劳动力素质、提高企业生产效率、促进产业结构调整、推进工业转变发展方式等具有重要意义。制造行业中的工业机器人如图4-7所示。

2012年3月,科技部印发《智能制造科技发展"十二五"专项规划》和《服务机器人科技发展"十二五"专项规划》,2014年1月,工信部发布《关于推进工业机器人产业发展的指导意见》,浙江、广东等经济较发达的地区也相继出台了有关推动工业机器人和智能装备产业发展的政策和意见。

在这些政策的指导下,我国工业机器人市场发展迅速,已经占领全球约三分之一的市场份额,跻身全球第一大工业机器人应用市场。当前,我国生产制造智能化改造升级的需求日益凸显,工业机器人的市场需求依然旺盛。据专家预测:我国工业机器人销量仍将持续快速增长,到

图 4-7 制造行业中的工业机器人

2020年，中国工业机器人销量将达到21万台，按照每台均价15万元计算，市场规模将超300亿元。中国工业机器人市场规模预测如图4-8所示。

图 4-8 中国工业机器人市场规模预测

找到属于自己的风口

  2012年以前，智能手机是风口，市面上智能手机销售火热，也很赚钱，于是大家一拥而上，市场很快饱和。最后只有产品质量好、能真正满足用户需求的手机厂商留了下来，大多数制造商都不赚钱了，甚至陷入连续亏损的境地。2014年，O2O是风口，全民加入O2O的大潮，连路边的便利店都打出O2O的横幅，似乎不知道O2O就无法在市场中生存，办公室白领辞职去做O2O创业了，在校大学生也放弃毕业证去搞O2O了。可是仅一年之后，就有统计数据显示，O2O领域创业死亡率高达99%。2016年开始，无论是投资圈还是媒体圈，都说直播是风口，市面上各式各样的直播平台如雨后春笋般冒出来,可是到了今天,存活的不过几家,大部分已经倒闭或是奄奄一息。

风口确实存在,对创业者来说,选择风口行业也的确更容易创业成功。但这不意味着风口一成不变,一开始,它可能确实是蓝海,但是随着更多创业者的加入,蓝海就会转变成红海,所以,与其追逐市面的风口,不如找到属于自己的风口。

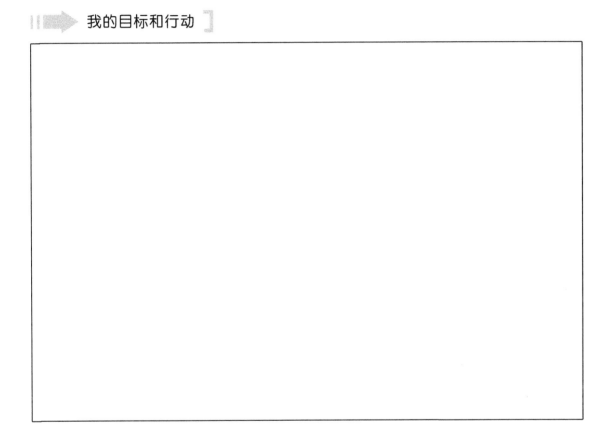

第二节 技术创新与商业模式创新

施乐和丽萨 图形用户界面

在《史蒂夫·乔布斯传》第八章"施乐和丽萨 图形用户界面"中,我们了解到苹果公司这样一段历史:1979年,美国施乐公司的帕洛奥图研究中心——常被叫作施乐PARC,发布了带有图标、弹出式菜单和重叠窗口的图形用户界面GUI(Graphical User Interface),可利用鼠标的点击进行操控,这是当今我们所使用的所有GUI的基础。

得知这一消息后,乔布斯以"可以在苹果投资100万美元"为代价要求参观施乐PARC。在那里,工程师拉里·泰斯勒为他演示了图形界面和鼠标应用。当时乔布斯惊呼:"为什么不拿这个做点什么？你们做的这些东西太棒了，它将会颠覆整个业界！"

在此之后，拉里·泰斯勒等技术人才一个个被乔布斯挖到苹果，他们的这些成果被应用在乔布斯亲自主持开发的 Macintosh 项目当中，从此开始了苹果和乔布斯的传奇故事。乔布斯主导开发的 Apple Lisa——苹果第一款搭载图形界面的个人电脑，如图4-9所示。值得一提的是，微软开发的 Windows 系统中的下拉菜单的灵感同样出自 PARC。然而，"视窗"并没有成就施乐，却成就了微软和苹果。

图 4-9　乔布斯主导开发的 Apple Lisa

（案例来源：http://www.99lib.net/book/3010/96736.htm）

案例分析

施乐 PARC 的故事说明了技术创新和商业模式创新是不能割裂开的。施乐公司的失败正缘于技术创新和商业模式创新的割裂。PARC 在技术创新上并没有任何问题，但由于其技术创新迟迟无法转化为企业利润，以致不断消耗成本，不能创造市场价值，最终成为施乐公司的负担。

企业想要在日益激烈的市场竞争中保持自己的优势，只有依靠不断地创新。所谓创新，主要包括技术创新、市场创新、商业模式创新、文化创新、制度创新等。对于企业来说，商业模式创新和技术创新是成功的关键。技术创新是指将科学技术转化为生产力，创造出更具竞争力的产品。商业模式创新是建立一个新的系统来传递顾客价值和公司价值。

一个公司的竞争力在很大程度上取决于技术创新的水平。然而，如果公司想要实现变革性的增长，不仅依赖于产品或技术创新，还依赖于商业模式创新。企业要实现突破性创新，必须实现技术创新与商业模式创新的有效结合。

对于移动互联网等新兴产业来说，如果企业的产品没有技术含量，就很难取得成功。但技术创新并不是成功的唯一决定性因素，市场规模、消费者需求、商业模式及至社会文化心理都对企业的竞争力和产业发展产生着重要影响。从技术到产品再到产业，这一发展过程不仅依赖于技术创新，还依赖于商业模式创新。没有一个好的商业模式，只凭先进的技术很难形成一个大的产业。

关键词:技术创新、模式创新

技术创新和模式创新的结合

史蒂夫·乔布斯(Steve Jobss)创立的苹果公司(见图4-10)通过技术创新为客户提供体验式终端产品,并成功创建了应用集成于终端软硬件系统的商业模式,从而引发智能终端的变革。

图4-10　苹果公司

雷军的小米手机在短短三年的时间内便异军突起,其胜利的法宝是对技术创新和商业模式创新的不懈追求。手机操作系统MIUI的独立开发,硬件、软件和互联网服务的商业模式协调发展。当雷军将所有这些因素结合在一起时,高配置+低价格+全面的互联网推广便使得小米手机具备了神奇的力量。如图4-11为雷军在小米手机发布会上讲话。

图4-11　小米手机发布会

周鸿祎的奇虎360是中国最大的互联网安全公司之一,它的成功也是重视商业模式创新和技术创新的结果。奇虎360自成立以来一直致力于提供高质量的免费网络安全服务,开创了免费互联网安全的概念。它通过免费杀毒软件的创新模式,实现了网民的安全上网。2014年,奇虎360开发了基于云计算技术的云安全系统,360杀毒软件还搭载了由360独立开发的QVM人工智能引擎,大大提高了杀毒软件对未知病毒的查杀率,360网站的云安全技术也是目前世界上打击钓鱼网站最有效的方式之一。

由此可见,虽然技术创新和商业模式创新在许多方面都有很大的不同,但这两种创新从来都不是独立的,而是相互依存、相互关联的。

没有技术创新,商业模式创新带来的快速增长可能只是昙花一现。中国的团购就是典型的案例。从商业模式创新的角度看,团购是互联网商业模式下的一种新事物,即O2O营销模式的典范。然而,团购既没有技术创新的支撑,也没有其他资源、能力来建立足够高的门槛,沦为一种简单的资本竞争,最终一闪而过。

Groupon(一个团购网站)之所以能在美国取得成功,是因为它拥有国内模仿者不具备的几种资源:强大的数据库基础、数据挖掘技术、美国对商业模式专利的一系列保护措施等。由此可见,优秀的商业模式创新需要技术创新的护航。

技术创新往往伴随着较高的成本、稀缺的配套资源和较低的市场认知度。如果不能与商业模式创新有效结合,技术创新可能会以失败告终。

综上所述,商业模式创新与技术创新相互作用、动态演进,共同影响着企业的发展。主要表现为以下几点:

(1)商业模式受技术创新和变革的影响,技术创新导致商业模式的转变。为了设计出适合技术创新的商业模式,企业可以通过引入激进型技术来引导自己的商业模式创新。如今,最有潜力的技术是云计算,它可以提供许多全新的用户价值,从而为企业进行商业模式创新提供了机会。

(2)商业模式创新有利于技术在企业价值创造中发挥更好的作用,从而引导技术朝着适合其商业模式的方向创新。由于技术不成熟、研发成本高、缺乏配套设施等原因,新兴产业的发展往往在技术和产品的营销和应用上遇到困难,而商业模式创新可以有效降低成本,加快推广和应用过程。

(3)技术创新为商业模式创新建立了门槛。任何一种商业模式的创新如果要建立长期有效的优势,就需要控制稀缺的资源,或者商业模式可以不断升级。这些有效的优势可以通过技术创新来构建。实践证明,无论技术多么先进,只有在市场上实现经济价值,才是真正意义上成功的技术创新。

移动互联网是一个技术密集型产业,技术创新往往更为重要。技术创新可以提高进入的门槛,改善客户体验。然而,要取得真正的成功,仅仅依靠技术是不够的。企业应更加注重技术创新与商业模式创新的有效结合,实现技术创新与商业模式创新的协同推进,实现持续创新。唯有如此,移动互联网企业才能最终走向成功。忽视技术创新、忽视商业模式创新或简单模仿国内外成功模式,都将使企业在市场竞争中难以走得长远。

开启创新之旅

创新的过程,就是解决问题的过程,是了解人的需求、看清事物本质、打破思维定式、提出解决方案的过程。被很多外国人称为中国"新四大发明"的高铁、移动支付、共享单车和网购,究其本质是基于人的需求,针对城际出行、支付方式、城市居民出行的最后一公里、购物等为消费者提供更便捷的解决方案。创新的本质是解决问题。

众多科学技术的创新是解决产品、技术更新迭代的需求,很多商业模式的创新是基于寻找并解决用户的痛点,可以这么说,培养创新能力的核心,是培养解决问题的能力。

本着解决问题的目的,开始自己的创新之旅吧。

> 我的目标和行动

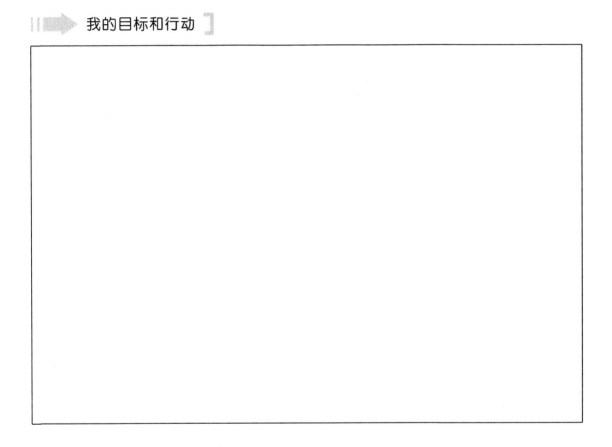

第三节　改写商业规则

身价15亿的"马戏界传奇"——太阳马戏团

2018年天猫双十一晚会的狂欢盛典(见图4-12)中,阿里巴巴公司邀请到了加拿大国宝——重新定义了马戏表演艺术的太阳马戏助阵,开启了一场别具匠心的"造梦之旅"。现场太阳马戏献演的节目是为此次双十一晚会独家特别设计的,由太阳马戏位于加拿大蒙特利尔总部的创意工作室精心编排、创作。通过沉浸式故事叙述了一位青年在收到神秘礼盒之后,生活发生了翻天覆地的变化,演出融入尖端科技,旨在为观众呈现一场与众不同的视听盛宴。

当电影和职业体育占领全球娱乐市场,传统马戏团逐渐衰落的时候,由几名加拿大魁北克

图 4-12　2018 年天猫双十一晚会

的街头杂耍艺人于1984年创立的太阳马戏团风靡全球。没有动物、动物训练员和小丑的太阳马戏团逆势发展，已经在全球90多个城市演出，吸引了4000万名观众。成立不到20年，其收入就超过50亿元，超过了林林兄弟与巴纳姆贝利马戏团这一拥有100多年历史的世界马戏团霸主。2004年，《福布斯》杂志公布了世界上最富有的人的名单，现年45岁的太阳马戏团执行官盖·拉里贝特以57.5亿元人民币的身价进入了榜单。

案例分析

曾几何时，马戏团正处于严重衰退之中。传统的马戏、坚硬的长椅、愚蠢的小丑杂耍和松散的表演，让孩子们更喜欢去电影院观看电影或留在家里玩游戏机，而不是进入马戏团帐篷。

当时，所有马戏团都在关注如何挖掘最著名的小丑和训练师，试图在日益萎缩的市场中抢占市场份额，但太阳马戏团的拉里贝特并未追随其竞争对手，而是推翻了延续了几个世纪的行业规则。太阳马戏团大胆地取消了动物和驯兽师的表演，保留了代表马戏团精神的帐篷和杂技。将简单的帐篷设计得光彩夺目，让观众席变得干净、舒适，并将观众的定位从儿童转移到消费能力更高的成人。

在成功去除了成本高昂但不受欢迎的马戏团元素（动物表演）后，太阳马戏团创造性地用戏剧元素对马戏团进行重新改造。尽管多次提高票价，但仍然吸引着习惯于高消费的观众。与此同时，太阳马戏团向百老汇学习舞台剧的经验，利用芭蕾舞的表演元素，再加上大型管弦乐队的音乐来提升视听效果。此外他们还与影视公司合作，积极在海外发行受版权保护的DVD节目光盘。

太阳马戏团在创新商业模式和改写商业规则方面逐渐找到了最大的竞争优势，成为世界上最成功的公司之一。

太阳马戏团为我们提供了创业创新的灵感：重写商业规则。

关键词：重新定位、选择差异化、找出业界忽略的要素

一、重新定位，超越现有需求

近年来，一直让中国台湾人民引以为豪的科技产业逐渐陷入了一个恶性循环：制造商们拼

命地寻找下一个明星产品,不断地为现有产品增加功能,但很少问自己,这是消费者想要的吗?我们能满足一些非客户群的需求吗?

"我增加的业务,就是你失去的,这样只会使市场越来越小。"台湾交通大学管理学教授朱博勇焦虑地指出,台湾越来越多的科技制造商只对分割现有市场感兴趣,专注于针对竞争对手频繁出招,却忘记了如何为消费者做出更有价值的创新。

朱伯勇认为,与其在有限的市场范围内做困兽之斗,不如先退出竞争,冷静下来,仔细思索哪些市场还没有被开发出来,努力经营非客户市场,努力扩大新需求,这样才能主宰市场。

神达集团的新市场

神达集团成立于1982年,是目前台湾最大的计算机集团。在过去的一年里,神达因开创了非传统全球定位系统(卫星导航系统)市场而取得了巨大的成就。朱伯勇认为,这是因为神达已经占领了更大的汽车市场,并没有被困在卫星导航这个小型的供专业人士使用的市场中。神达GPS如图4-13所示。

图 4-13　神达 GPS

长期以来,全球定位系统一直局限于爬山、工程等专业用途,只有一些高成本进口车辆拥有车载 GPS。普通人虽然想使用全球定位系统,但市场上却没有便宜好用的全球定位系统来满足普通人的需求。当所有的全球定位系统运营商都把竞争焦点放在精准的导航定位上时,他们却没有一个能提供生活信息,如旅游景点、餐馆等。

尽管 GPS 已经是一种非常成熟的产品,但神达为其提供了新的生命,以满足公众对 GPS 的潜在需求。神达已经开始整理有关旅游景点、食品小吃、温泉、停车场、高速摄像机等信息,并通过互联网提供软件的免费更新和下载。最近,一个名为"Mio 旅游手札"的会员专属互动社区网站已经启动,为会员提供旅游照片的分享、行程规划和 GPS 坐标。

神达集团开发了 GPS 行业所忽视的生活信息需求,把原先市场后进者的劣势消弭于无形,改写了商业规则。

二、减法原则,选择差异化

在重新定位产品之后,我们应该开始研究减少或消除一些行业标准,从而制定定价策略。

但是应该减少或取消哪些行业标准呢?朱伯勇认为,我们应该去除客户不重视的东西,改善成本结构。

案例2

面对发展瓶颈，如家酒店靠差异化与个性化打破困境

在过去的几年里，中国的酒店业掀起了一波经济型快捷连锁酒店浪潮。从2002年6月开始，如家酒店（见图4-14）就是最优秀的连锁酒店之一，平均每月开设1.5家分店。在短短的数年间，北京、上海、苏州等地迅速出现了共58家带有明亮黄色外墙的如家酒店。它的住宿费用只有200多元每天，在一些交通便利的分店，有时甚至一房难求。

图4-14 如家酒店

很长一段时间，中国酒店的结构走向两个极端：四星级以上的豪华酒店与设施陈旧的宾馆并存，而廉价和干净的中小型酒店严重短缺。

四星级或五星级酒店在上海和北京有很多，但价格过于昂贵。尽管其有华丽的大厅、游泳池和健身房，但忙碌的商务客人很少使用这些设施，而这些设施反过来又增加了酒店的运营成本，并将其转嫁给了消费者。

针对这些情况，如家酒店取消了商务客人不重视的大堂装饰和餐厅，取而代之的是标准化的简单装饰和只用于早餐的用餐空间。需要每天更换的肥皂等沐浴产品被悬挂在墙上的沐浴露和洗发水取代，可以随时补充。消耗大量电力的中央空调被每个房间的独立空调所取代，可根据客人的需要开启或关闭。所有这些措施大大降低了运营成本，降低了房价。

通过移除客人不需要或不注意的东西，如家酒店大大降低了价格。从此，商务客人在高价的星级酒店之外，有了新的选择。

三、找出业界忽略的要素

除了移除产业中已无竞争力的要素之外，企业更应去找出哪些是被业界忽略的要素，从中创造差异化。

 案例3

壹咖啡开拓上班族外带市场

台湾的壹咖啡（见图4-15），小面积的店面只做外带生意，却在短短三年内，在台湾建立起

300多家连锁加盟店,令咖啡龙头星巴克倍感威胁。

图 4-15　壹咖啡门面

打着"谁说35元(相当于8元人民币)没有好咖啡"的口号,定价新台币35元一杯的冰咖啡成功打进了原本不喝咖啡的消费群。"壹咖啡有超过七成以上的消费者原先不喝咖啡。"一手创立壹咖啡品牌的文轩国际总经理颜文山指出,他们成功的原因在于抓到了外带冰咖啡的商机,提升了业界所忽视的冰咖啡的质量。

长久以来,台湾的咖啡文化强调喝热咖啡才是正统,冰咖啡只是配角,导致店家也不愿意花时间研究如何改良冰咖啡的质量,从而陷入了与星巴克较劲店内环境气氛的窠臼中。在发现顾客只能被迫喝难喝的冰咖啡,喜欢喝冰咖啡的人长期被忽略,台湾还有更庞大的上班族外带市场尚未开发之后,壹咖啡重新把冰咖啡定位成泡沫红茶般的外带独享饮品,使其不同于一定要坐在咖啡馆沙发品味的热咖啡。

阿里巴巴集团前董事长马云在《马云点评创业》(见图4-16)中曾经用非常诙谐的比喻形容了这一现象:小企业不要害怕跟大企业竞争,大象很难踩死蚂蚁,只要你躲得好。大企业也不可能看到所有的地方,在他们忽略的要素中创业创新,一定可以闯出自己的一条道路来。

图 4-16　《马云点评创业》封面

实战

在模仿跟随中差异化寻找商机

市场人群构成大体可以分为三个部分,已经使用者、潜在使用者和不会使用者。作为一个初创企业,除非进入一个空白市场,否则不要冒着巨大的风险去做教育消费者的事情。吸引潜在使用者的成本远高于改变现有使用者,使其转换品牌的成本,所以初创企业往往面临两难的选择,要进入市场,但还不具备直接建立品牌的实力,但又必须去抢夺市场领导者的市场份额。面对行业霸主的竞争,要解决这个难题,方法只有一个,那就是在模仿跟随中差异化寻找商机。

模仿跟随要求企业了解要跟随的市场霸主或竞争对手。在产品上要基本与竞争对手相似,产品结构相同、包装相似,还必须具有不低于竞争对手的产品品质。在价格方面要留出比对手较大的利润空间,充分调动经销商的积极性,以推力实现快速布货,在目标人群的消费场所进行销售。当企业完成以上准备工作并积累了一定的资源基础之后,就要考虑创新与差异化了。一是品牌差异化,二是产品差异化。品牌差异化是指在市场尚不能接受过度细分之时,在品牌概念上区分竞争对手,如百事可乐以"新一代的选择"来区分可口可乐就是品牌差异化的例子。品牌差异化要求企业进行必要的战略转型,由终端战略向媒体战略转变。产品差异化是指市场可以接受细分诉求之时,以产品的差异化来塑造品牌的差异,如联通的 CDMA 区分移动 GSM 就是产品差异化的例子。产品差异化允许企业延续终端战略,在终端把优势产品推介给广大消费者,并给予竞争对手以有效打击。但归根结底,产品差异化的核心仍然要回归到品牌差异化,也就是要建立一个拥有竞争优势的品牌。

第四节 新兴产业无限商机

高校毕业生周新民：无人机开启创业梦

周新民，出生于1994年，2012年9月开始就读于国家示范高职院校绵阳职业技术学院。大二一次偶然的机会，他加入了航模协会，从此与无人机结下了不解之缘。在航模协会期间，周新民和同伴一起学习航模的组装和制作，从陌生到熟悉，慢慢地从简单的航模转向无人机，并开始参加各种无人机交流活动。在协会老师的指导和校外专业人士的帮助下，周新民在航模和无人机方面也有了自己的见解。有一次，他收到了来自绵阳南山中学的邀请，为该校航模协会做技术指导工作，给该校学生普及航模和无人机知识。

后来有一次周新民回家干农活的时候发现，农村作物靠人工防治病虫害耗时费力，于是便开始琢磨如何利用无人机喷洒农药。经过自己学习和向学校有关专业老师请教，2014年4月，周新民的首架农药喷洒无人机终于研发成功，一架轻型无人机在技术人员的遥控下，在营山县济川乡向坝村进行了秧苗移栽前的病虫害防治，无人机一亮相，就吸引了村民们的目光，如图4-17所示。

图4-17 周新民研发的无人机

2015年，周新民成立了自己的公司——绵阳云燕航空科技有限公司，主要从事植保无人机的研发、设计、推广应用等业务。2015年11月，公司荣获科技型中小企业证书；2016年9月，周新民荣获中国科技城第五届高校毕业生创新创业大赛三等奖；2016年11月，在四川省教育厅主办的首届全省大学生创新创业节上,植保无人机获最具投资价值项目;2016年11月,周新民荣获"蜂云谷杯"第二届四川省"互联网+"大学生创新创业大赛铜奖;2017年11月,公司获得绵阳市人民政府颁发的军民融合企业认证证书。

案例分析

无人驾驶飞机简称无人机,英文缩写为"UAV",是利用无线电遥控设备和自备的程序控制装置操纵,或者由车载计算机完全地或间歇地自主操作的不载人飞机。中华人民共和国中央人民政府网发布了《国务院关于印发"十三五"国家战略性新兴产业发展规划的通知》,其中提到"加快航空科研试验重大基础设施建设,加大结构强度、飞行控制、电磁兼容、环境试验等计量测试和验证条件投入,加强试飞条件建设;大力开发市场需求大的民用直升机、多用途飞机、特种飞机和工业级无人机;促进通用航空制造与运营服务协调发展。大力发展航空租赁。利用互联网技术建立先进航空运营体系,促进服务模式创新。"这是首次将无人机产业提升到国家战略层面。如图4-18为无人机喷洒农药时的场景。

图4-18 无人机喷洒农药

无人机行业正在朝着积极的方向努力,据Goldman Sachs预测,2020年全球无人机市场价值将达到1000亿美元,其中大部分将来自商业和政府部门不断增长的需求。目前已经有企业自行购买了检测工具,在无人机出厂前进行初步测试。随着无人机产业相关配套设施的完善,相信不久也能有完整的测试环境供企业使用。

关键词:抓住痛点、满足需求

随着社会的发展,被动式的消费时代基本结束,人们的消费需求逐渐转向多元化与个性化。当前,消费者、生产者和市场的多元关系正在重新构建中,消费者逐渐占据主导性的地位,所以只有顺应消费变革的趋势,抓住消费者的核心需求,不断提升消费者的体验感受和抓住消费者的痛点,企业才能走得更好更远。国务院日前印发的《关于积极发挥新消费引领作用加快培育形成新供给新动力的指导意见》中明确提出,以传统消费提质升级、新兴消费蓬勃兴起为主要内容的新消费,特别是服务消费、信息消费、绿色消费、时尚消费、品质消费、农村消费等重点领域快速发展,将引领相关产业、基础设施和公共服务投资迅速成长,拓展未来发展新空间。只有满足客户需求,并快速抓住消费者的痛点,才能在市场与行业的发展中取得创业的成功。

一、抓住消费者的痛点

人们口中常挂着"痛点"二字,对于创业者而言,最想要了解的就是消费者的痛点,如果可以掌握它,创业的道路就可以走得更轻松。那么大家真的了解"痛点"吗?周鸿祎在《我的互联网方法论》一书中提到类似的观点,创业,就一定是创新,而创新,你要么发明一个东西,要么把贵的东西变便宜,要么把复杂的东西变简单,互联网产品给客户带来的价值无非如此。也正如刘强东所说:"这是我们永远不变的一个框架,我们做的所有的投资,我们发展的一切一切都围绕着三点,要么降低成本,要么提高效率,要么提高用户体验,如果跟这三个没关系的,我们坚决不做。"

痛点的本质,是用户的刚性需求,是未被满足的刚性需求。投资人为什么喜欢提出这点?是因为他们想要创业者想清楚:自己能给用户带来什么价值,能满足用户哪些最强烈的刚性需求。管理学里面讲创业者一定要补齐短板,但创办公司要充分发挥你的优势,发挥长板,从独木桥杀出来,把你的长板,即目前优势和团队优势转化成融资优势,把融资优势转化成业务优势,进入正向循环后才有机会弥补你的短板。创业者不要想一开始就弥补短板,要把你的优势发挥到极致才能胜出。

案例1

抓住用户痛点,重新定义行业规则

随着公众购买力的不断增长,让汽车奢侈品的属性淡去,回归代步工具的本质。据公安部交管局统计,截至2016年底,全国汽车保有量1.94亿辆,汽车驾驶人数超过3.1亿。汽车保有量过百万的城市达49个,机动车新注册量和年增量创下新高,许多城市的限行、限购门槛也水涨船高。8月,上海机动车号牌拍卖价格突破9万元,北京个人普通小客车指标中签率仅为0.117%,私家车落地难矛盾凸显。约上亿"持本族"驾驶人,即便有购买力,也很难拥有爱车,巨大的需求缺口,让另辟蹊径的租车出行变得势不可挡。另外,除了个人、家庭用车,汽车租赁也为越来越多的企事业单位提供了便利,特别是政府推行公车改革后,租车出行这种全新的消费模式,越来越受到广大消费者关注。

众所周知,如今虽说汽车很普遍,但是拥有一辆新车或数辆新车,对个人或企业来说也不是那么容易的事,一次性付款太累,分期付款门槛又太多。尤其对众多中小企业来说,购车以及养车是一笔非常大的开销,而采用租车的方法,随时可以调整开支,风险小、灵活性强,是降低成本的好办法。所以,长租车模式深受企业追捧。据有关专家介绍,对于许多国企和民营企业来说,采购车辆是为了接待客户用或配给高管使用,所以车型档次较高,这些高档车每年使用频繁,贬值也更加厉害。而养车的话,维修费、保养费、保险费、事故支出等开销巨大,再加上还要配备一名司机,工资加保险等费用开支就更多了。

以购置市场售价20万元的车型为例,加上购置税、保险费和牌照费共需花费约23万元,年维护费约2万元,以车辆使用3年为限,每日费用约为230元。而若选择首汽租车,长租一辆车平均每天的费用只需110元左右(包含车险),且行驶不限里程。企业用车规模越大,租车资金占比低的优势越明显。除了经济压力减小,租车还更为省心,不用担心车辆的维修、保养、年检等问题,而且车型的选择也多种多样。企业租车的需求愈加强烈,随之而来的是租车市场的大发展。2016年,中国租车行业市场规模接近600亿元,同比增长16.7%。租车企业也如雨后春笋般出现。截至2016年,我国汽车租赁企业已经突破一万家,除了新兴企业的大量涌入,也包括首汽租车这种成功转型的老牌国企。首汽租车CEO魏东如图4-19所示。

图4-19 首汽租车CEO魏东

二、满足消费者需求

消费者需求实际上是人们为满足物质和文化生活的需求而对物质产品和服务的具有支付能力的欲望和购买能力的总和。根据消费者的目的性,消费需求可以分为初级物质需求和高级精神需求。其中,初级物质需求是在人们达到一定消费能力水平之前就显现出来的。高级的精神需求则是在满足物质需求后,为了得到更多的非物质需求而带来的消费。

客户的需求往往是多方面的、不确定的。我们需要分析和引导他们。很少有顾客,特别是消费品的购买者能对他们想要购买的消费品形成非常准确的描述。也就是说,当一个客户站在我们面前时,他对我们的产品很感兴趣,但仍然不知道自己要买什么。在这种情况下,我们需要加强与客户的沟通并定义他们的需求。

当企业真正地满足了消费者的需求以后,还要通过具体有效的办法将理念和产品传播给消费者,并且让消费者接受其理念。在以消费者为中心的互联网时代,正如美国消费者协会主席艾拉·马塔沙所说:"我们现在正从过去的大众化消费进入个性化消费时代,这个时代消费者可以大胆地、随心所欲地下指令,以获取特殊的、与众不同的产品与服务。"

案例2

苏州"90后"职校生创业,目前公司估值上亿

2010年,刘欣在老家南通读高三时就开始互联网创业。那时他正准备艺考,但在网络上没

有找到一个界面好看的美术高考网站,于是他决定自己来做。完全依靠自学和创意,刘欣的网站成功运转,最后以 5000 元出售,他也掘得了第一桶金。

进入苏州工业园区服务外包职业学院学习后,刘欣同时经营了数十家较大规模的网站。当老师们了解到他的商业计划时,也表达了对他的支持。学校的创业园成了他的第一间办公室。此时,刘欣开始发展同学加入他的团队。当网络热潮消失后,他抓住了移动互联网的机会,与团队成员们一起"玩"微博和微信。大学时期,刘欣的团队的主要盈利模式是销售他们建立和运营的电子商务网站。在他大二的时候,他买了一辆车。临近毕业时,他和他的合伙人靠创业收入买了房子。

2014 年,毕业后的刘欣没有停止创业的脚步,他和同学一起去了北京,他们的团队通过百度贴吧、QQ 群等方式,用落地的技巧低成本引流,吸引粉丝,同时开发搜索工具,每天从大量公众号提取最受欢迎的文章,或模仿或转载,保证粉丝的留存率。2015 年,刘欣在中关村成立满欣网络科技有限公司,同年在上海成立分公司。人们可能不熟悉满欣公司,但说到微信朋友圈的应用,比如"摇动新年签""关注看答案"等,想必大家都不陌生。刘欣的团队被誉为"微信公众号之王",创造了几个社交网络服务的经典案例,成为新微信界面的传播神话。

如今,刘欣意识到微信公众号(见图 4-20)的流量红利期已经结束,内容变得越来越重要。现在,他把精力主要放在原创新媒体报道上,面向细分、专业的客户群,提供优质信息服务。目前刘欣的团队运营着 40 多个微信公众号,粉丝总数达数百万,一直处于盈利状态,其中发展得最好的一个公众号每天推送的头条阅读量在 10 万以上。

刘欣感叹,互联网是一个可以实现梦想的地方,移动互联网创业潜力巨大。随着支付手段的成熟,互联网消费市场变得越来越稳定,现在有大量的资本愿意帮助年轻人创业。他说:"互联网产业属于年轻一代,资本方需要年轻人的创造力。"他鼓励创业者保持自信,要具备跨界精神,整合多领域技能优势,从他们能做的事情开始。刘欣透露,他的团队最近开始转向微信群创业,即打造用户精细化区分的微信群,推广产品和服务。他直白地说:"依靠广告盈利是传统媒体的思维方式,我们新媒体应该通过产品和服务来实现。"

图 4-20　微信公众号

站稳风口,正确切入新兴产业

雷军说过,站在风口上,猪也能上天。这句话说的其实是对趋势的判断,跟着趋势前行,你的发展将会非常迅速。当你比别人更早地看到趋势,并不一定说明你能做得很好。有些时候你对趋势判断正确,但是当前环境并没有能让趋势发展起来的条件。所以,对趋势的把控不能太早,也不能太晚。

一、开展社会调查

社会调查是社会"调查"和"研究"的简称,是指人们通过有意识地考察、了解、分析和研究社会现象来了解社会现实状况的一种自觉认知活动。网络问卷调查是调查公司通过网络邀请参与回答问卷以获取市场信息的一种调查方式,属于社会调查的范畴。随着科学技术的进步,网络的发展日新月异,无数的人加入网络,网络已经成为我们现代生活的一部分。在网络中,有许多人来自世界不同的地方,具有不同的文化背景、不同的信仰、不同的年龄、不同的爱好、不同的教育背景等。这些人往往是社会消费的领导者和决策者,足以影响时代潮流,那么网络上的他们就成了优秀且可用的消费咨询资源,所以在线调查公司会花一定的钱请网民来表达自己的意见。网络问卷调查是最直接、最有效的在线调查方式。

现在的问卷调查网站主要有问卷网、问卷星、爱调查、调查通、乐调查、51调查网等资讯网站,可以选择其中一到两款进行社会调查。参与此种调查需要注册调查网站,注册过程免费,注册后一般需要通过邮箱验证,有的还需通过身份验证、手机验证等,这样做的目的是确保调查对象身份的真实性和唯一性。

二、进行行业分析

行业分析(industry analysis)是指基于经济学原理,综合运用统计学和计量经济学等分析工具,对行业经济的运行状况、产品生产、销售、消费、技术、行业竞争力、市场竞争格局、行业政策等行业因素进行深入分析,从而发现行业运行的内在经济规律,进而预测行业未来发展的趋势。行业分析是介于宏观经济分析和微观经济分析中间的层次分析,是发现和掌握行业运行规律的必由之路。它是工业企业发展的大脑,对指导行业内企业的经营规划和发展具有决定性的意义。

三、展开职业自我评估

制定一份职业发展规划需要进行职业自我评估以及职业状态评估,然后做出总结,查看不足并持续改进,使自己日臻完善。评估过程是一个不断学习的过程,激发个体天天向上。职业自我评估是个体选择和规划职业生涯的第一步,理性客观的自我评估结果决定着个体职业生涯发展的质量。一份有价值的职业自我评估必须要忠于自我,对自己撒谎不会有任何的帮助,对你想要从事的职业,你要肯定其价值并能从中体会到快乐。这对自己,对社会,都很重要。

自我评估是收集自己的相关信息,从而确定适合自身条件发展的职业。自我评估的内容主要包括价值观、兴趣、性格、技能。

价值观:你看重的东西,如成就感、地位、自主性。

兴趣:你喜欢做什么,如打高尔夫、散步、和朋友泡吧。

性格:一个人的个人特征、内动力、需求、态度。

技能：你擅长的活动，如写作、计算机编程、教学。

▶ 我的目标和行动

第五章
审时度势，正确的时间做出正确的事

CHUANGXIN
CHUANGYE
QIMENG

创新创业面临机遇和挑战

扫二维码看视频:大学生创业的成功秘诀——抓住机遇,找准市场定位。

审时度势,抓住创业的机遇。寻找和掌握创业机会取决于政府提供创业机会的能力;另一方面,它取决于企业家自己搜索和识别信息和机会的能力。在市场经济背景下,创新和创业都面临着机遇和挑战。

本章根据对知识的掌握程度、运用知识解决问题的能力和拓展创新能力的进行考核和评价,采用自我评价、小组评价和教师评价相结合的评价方法,根据知识结构和内容以及完成主体的不同,具体分 10 个评价项目分别对个人和小组进行考核评价,考核评价表如表 5-1 所示。

表 5-1 考核评价表

评价项目	评价内容	分 值	自我评价	小组评价	教师评价
创业的机遇和挑战	创新创业面临的机遇和挑战	10			
	特定创业者	10			
	创业市场信息采集	10			
	开创新的需求	10			
选择创业模式	了解创业模式	10			
	构建商业模式	10			
知识应用能力	创业前期的信息采集	10			
	针对项目构建创业模式	10			
创新拓展能力	打造自己的创业模式	10			
职业素养	出勤、纪律、团队协作	10			
总 评					
个人学习总结					
教师总评					

学员签字: 教师签字:

第一节　创业的机遇与挑战

女大学生用互联网为农村致富带来新思路

女大学生小双从一所农业大学毕业回乡，许多用人单位听说她所学的是农业专业，纷纷拒绝。一天小双被报纸中一篇题为《新"农场主"：大学生到农村承包果园致富》的文章吸引，文中介绍了广东一些大学生毕业后奔赴农村，利用所学专长，干出一番事业的事迹。

小双一直梦想拥有属于自己的"一亩三分地"，能利用自己所学帮助农民脱贫致富。经过深思熟虑，她东奔西走，得到政府的支持，贷款30万元承包了果园。小双跟农民签订土地流转协议，种植农产品。由于打不开销路，一年下来经营亏损。她不甘心失败，总结失败的经验教训后，改变营销方式。第二年，本以为水果长势良好，没想到遇到了病虫害，于是小双在一些专业的农业网站上发电子邮件，请教有经验的科研专家，问题得到了有效的解决。

她利用互联网进行产品的宣传，利用直播平台销售农产品。她建立了公司网站，把公司的规模、经营理念、产品品种、最新情况和价格标准等内容发布在网站上面，让天南地北的人们了解农产品及公司的发展前景，更好地把农产品推销出去。网站"上市"不久，就有了诸多回应。首先收到了来自广东佛山的一位水果批发商的电子邮件，他说看了公司的产品介绍后，对当地水果很感兴趣，先订一批货。第一单生意做成后，小双又利用互联网谈成了多笔生意。

随着时间的推移，由于注重用科学的方法对农产品进行栽培和管理，秋天，农产品呈现出喜人的丰收景象（见图5-1）。当小双把自己的劳动成果发布在互联网上时，又引来广东、香港、澳门，甚至东南亚国家的客商实地考察，当他们亲眼看到、亲口品尝到小双和农民运用科学方法嫁接的各种水果时，都赞不绝口，当即与她签订了长期合作协议。

图5-1　丰收的核桃

案例分析

年轻的大学生通过教师的教学和自我的不断丰富开始自己的事业,他们善于利用书籍、互联网等多种渠道获取新知识。创新精神也为学生创业提供了动力源泉,并成为成功创业的精神基础。

关键词:创新创业、机遇与挑战

创新是十八届五中全会提出的五大发展理念中的第一个。如今互联网逐渐渗透人们生活的方方面面,为创新创业提供了更多的方向,在政府鼓励创新创业的时代背景下,有了更多的创业实践平台。

一、创新创业面临的机遇与挑战

在社会主义市场经济体制下,国家出台了一系列鼓励自主创业的优惠政策,无疑为创新创业铺平了道路。从开通"绿色通道",到提供"一站式"服务,如创业培训、开业指导和咨询服务的后续支持,创业者们得到了全方位的帮助和支持,也增强了创业者的创新意识和创业能力。近年来,政府和许多大学举办了许多创业竞赛、职业规划、设计竞赛,并邀请一些成功的商界人士讲授创业精神。这增强了大学生自主创业的信心。

个人投资和创业应善于抓住机遇,抓住每一个短暂的投资和创业机会是成功的开始。新兴产业的发展和环境的变化将为各行各业带来机遇。

创业机会以不同形式出现。虽然在之前的研究中,重点主要集中在产品的市场机会上,但要素市场也存在机会,例如新原料的发现。许多好的商业机会不是突然出现的,而是对"准备好的思想"的"回报"。在机会识别阶段,创业者需要弄清楚在哪里以及如何找到机会。对创业者来说,在现有市场中寻找创业机会是自然和经济的选择。一方面,现有市场与我们的生活密切相关,可以真正感受到市场机会的存在;另一方面,从现有市场出发,始终存在尚未完全满足的需求,这可以降低机会的搜索成本并降低创业风险,有利于成功创业。现有的创业机会存在于不完全竞争下的市场缺口、规模经济下的市场空间以及企业集群下的市场空缺。

在创业初期,创业者往往对市场考察不足、考虑不周,缺少对项目市场前景、消费者群体、市场竞争力等方面的调查,所选择的项目不一定适合市场需求。再加上资金始终是困扰创业者的难题,在筹备期,创业者大都会陷入资金不足,无法顺利创业的困境。所以一些好的创业项目往往由于资金不足而不得实施,大好的机会被白白错过。

创业依然面临诸多挑战。可能对遇到的风险考虑不周,盲目乐观。在创业过程中容易忽视对团队人力资源的有效管理和配置,不善用灵活多变的营销模式,缺乏危机管理,对创业过程中潜在的环境风险估计不足。

针对创业所面临的挑战与困难,创业者应该从自身与社会两个方向积极努力地寻找解决办法。首先,调整创业心态。创业初期易盲目乐观、急躁用事,这就需要培养良好的心态,忌急躁。要注意团队精神,创业是一个持久战,贵在坚持,同时要充实创新创业知识,对于自己所要开发的领域,要充分了解。其次,要了解并熟悉政府政策。根据政府针对创新创业发布的优惠政策,结合自己项目的特点,充分灵活地运用政府搭建的信息平台获取市场信息,拓宽融资渠道。

第五章　审时度势，正确的时间做出正确的事

李嘉诚对创业机会的把握

图 5-2　李嘉诚

14 岁时，李嘉诚（见图 5-2）的父亲去世了，他为了养家糊口，便开始求职。李嘉诚在茶楼跑堂时，每天工作超过 15 个小时，非常辛苦。这时，他的叔叔让他去自己的中南钟表公司工作，但李嘉诚不想受别人，哪怕是亲戚过多的庇护和恩惠。他认为这样会失去自我进取的能力。

逆境孕育着改变命运的机会。李嘉诚 17 岁时去一家五金厂卖镀锌铁桶，成为一名推销员。这时，他看好塑料行业的发展前景，毅然加入塑料公司。凭借勤奋和聪明，李嘉诚取得了出色的销售业绩。18 岁时，李嘉诚晋升为部门经理。

想要抓住机会，你必须敢于挑战，果断地迈出第一步。1950 年，22 岁的李嘉诚利用做销售员积蓄的 5 万港元创建了长江塑料厂，"长江"意味着"长江不择细流，故能浩荡万里"。在创业初期，为了节省成本，李嘉诚去远离市区的地方寻找廉价的工厂、机械、设计、销售、采购、会计、出纳，他几乎亲手操办一切。随着塑料行业的快速发展，塑料厂在他的努力下取得了稳步发展。

擅长抓住机会的李嘉诚迅速出击。1957 年，李嘉诚前往意大利学习如何制作塑料花。他以买主、推销员的身份，有时甚至使用短期工作的方式来收集技术信息。很快，他完全掌握了制作塑料花的各项步骤和技术方法。

机会总是青睐第一个吃螃蟹的人，李嘉诚的塑料花产品迅速打入了中国香港地区和东南亚市场。截至 1964 年，在过去的七年里，李嘉诚赚了数千万港币。长江公司已成为世界上最大的塑料花生产基地，李嘉诚也因其"塑料花大王"的美誉而闻名。

机会来自对宏观环境的把握。李嘉诚较早就意识到香港已经开始繁荣，1958 年，李嘉诚在香港北部购买了一块土地，正式进入房地产业。在 20 世纪 60 年代到 70 年代，香港的房地产市场被看好，长江实业获得了巨大的利润。1978 年，他收购了青洲水泥公司，这是一家历史悠久的英资水泥公司。然后在 1979 年，他又收购了和记黄埔，该公司拥有经营贸易、商业和房地产等的许多子公司。此时距李嘉诚创业仅 30 年的时间。此后，已成为中国首富的李嘉诚参与了能源、海外投资、电信和媒体等行业，可称得上建立了一个商业帝国。

（案例来源：https://wenku.baidu.com/view/79ab201af5335a8103d22005.html）

案例分析

创业者要有一双敏锐的眼睛去发现和识别创业机会，与此同时要学会把握创业机会。首先要着眼于问题，明白理想和现实的差距，多去发现需求，想办法解决别人已经发现但是却没有解

决的问题,解决了问题就是抓住了机会。第二,要利用变化把握机会,变化中往往蕴藏着无限的商机,包括环境变化、观念变化、政策变化等。第三,要在技术浪潮中把握机会,每一场技术革新都对社会有着巨大的影响,无论是早期的蒸汽时代、电气时代还是如今的互联网时代,每一个新兴产业中都有潜在的或者早已出现过的创业机会。第四,弥补对手的缺陷把握机会,竞争对手的策略出现漏洞可能就是自己的一个机会。第五,需要把握政策的变化,中国的市场经济是建立在宏观调控基础上的,政策对整个中国市场有着巨大的影响,政府调整或者出台政策都会引发新的商机。最后,要在市场夹缝中把握机会,热门行业竞争激烈,很容易饱和,如果能够抓住市场或者顾客某一方面的需求,做到差异化市场,同样可以取得意想不到的效果。

二、机会青睐特定的创业者

那些看到了机会的创业者有什么独特之处?一般而言,以下因素被认为是这些人具备的一些特征。

第一是先期经验。特定行业的先期经验有助于创业者识别机会。有调查发现,大约70%的创业机会实际上是在复制或修改以前的想法或创意,而不是发现全新的创业机会。1998年,互联网正在全世界范围内蓬勃发展。在中国,少数敏锐的人也意识到了机会。这一年,很多如今的互联网大咖都辞职创业了。这一年,28岁的周鸿祎也辞职了。周鸿祎在经历了许多艰苦后,创立了"3721"网站,也就是后来人们熟知的中文域名服务网站。2000年到2001年,在互联网热潮之后,互联网寒冬来了,周鸿祎不得不把3721卖给雅虎。中外文化的差异是跨国并购中提到次数最多的难点之一,周鸿祎最后因此提前退出雅虎,2006年,离开雅虎一年的周鸿祎又重新披挂上阵,回归互联网一线再次创业,创立的公司取名奇虎。后面的故事我们不再赘述,从周鸿祎的经历可以看到,他的先期经验始终左右着他的创业,互联网的圈子,他始终未离开。

第二是专业知识。在特定领域拥有更多专业知识的人将比其他人对该领域的机会更加警觉和敏感。例如:与律师相比,计算机工程师对计算机行业的机会和需求更警觉和敏感。1987年,山西阳泉的李彦宏考入了北京大学信息管理专业,那时,谁也没想到他日后会成为中国互联网企业的巨头。其实,学生时代的李彦宏就是学霸,曾经获得过阳泉的计算机大赛一等奖,1991年,李彦宏北大毕业后,前往美国布法罗纽约州立大学完成计算机科学硕士学位。李彦宏所持有的"超链分析"技术专利,是奠定整个现代搜索引擎发展趋势和方向的基础发明之一,也是他日后创立百度公司,使中国成为除美国、俄罗斯和韩国之外,全球仅有的4个拥有搜索引擎核心技术的国家之一的技术基础。

第三是社会关系网络。无可争议的事实是,个人社交网络的深度和广度会影响对机会的识别。通常,建立了大量社会和专家联系网络的人比拥有少量网络的人拥有更多的机会。2008年,三聚氰胺事件后,蒙牛深陷被外资收购的危机,正在长江商学院读EMBA的原蒙牛董事长牛根生给同学们写信求救,立刻得到了众多国内重量级企业家的支持和援助。柳传志连夜召开联想控股董事会,将2亿元打到了牛根生基金会的账户上。俞敏洪二话没说,火速送来5000万元。江南春也毫不犹豫地拿出5000万元救急。田溯宁、马云、郭广昌、虞锋、王玉锁这些EMBA班的同学都打来电话,表示随时随地可以出手援助。牛根生一封信换来近10亿元人民币的支援。

第四是创造性。在某种程度上,机会识别实际上是一个创造过程,一个不断重复的创造性思维过程。在许多产品、服务和企业的形成过程中,甚至在许多有趣的商业故事中,我们都可以看到创造性思维的影子。1999年,26岁的中国科技大学博士二年级学生刘庆峰带领十几名同学创立科大讯飞。当时创业的初衷很简单,就是让机器设备像人一样能听会说。公司成立的第一年,几乎颗粒无收。"我们到底要不要做语音?"团队中很多人提出疑问。有人说刘庆峰的团队不如做语音里面的服务器,甚至有人说不如做房地产。刘庆峰却非常固执,就是要让机器设备像人一样能听会说,专注做语音。2008年,科大讯飞在深交所上市,成为中国在校大学生创立的第一家上市公司。如今,在中国移动语音领域,科大讯飞已经占据70%的市场份额,总市值超过360亿元,成为国内绝对的行业领头羊。

经验、专业知识、社会关系网络、创造性,虽然这些特征对于创业的成功并非不可或缺,但如果具有这些特征,往往会在创业的过程中更具优势,并且更有可能取得创业的成功。

三、收集市场信息并了解市场需求

(一) 市场主要信息

1. 政治环境

政治环境主要是指企业市场经营活动的外部政治形势、国家方针政策及其变化。国家安定团结的政治局面,不仅有利于经济的发展和人们收入的增加,而且影响到人们的心理状况,导致企业涉及的市场需求也发生变化。党和政府的方针、政策,规划了国民经济的发展方向、速度和进度,直接关系到社会购买力的提高和市场消费需求的增长变化,所以政治环境是创业者必须关注的信息。

2. 经济发展状况

目前,中国经济已从高速度增长转向高质量发展,中国在降低金融风险方面也付出了持续不断的努力,这些都是影响市场发展的利好因素。关注经济发展状况,能避免在决策的过程中有失偏颇。

3. 民族文化和风俗

民族文化和风俗是特定社会文化区域内历代人们共同遵守的行为模式。习惯上,人们往往将由自然条件的不同而造成的行为规范差异,称之为"风",而将由社会文化的差异所造成的行为规则之不同,称之为"俗"。所谓"百里不同风,千里不同俗",正反映了文化、风俗因地而异的特点。不同地区的文化传统、风俗习惯是各不相同的,在不同的区域开展商业活动,都需要考虑到当地的文化和风俗。

4. 技术发展趋势

人工智能技术的不断发展引发了令人意想不到的趋势,出现了具有广泛影响和非常有前途的商业前景。每个技术方向都出现了剧烈的指数变化。机器学习和人工智能将改变整个行业,无论是新兴行业还是传统行业,物联网将变得更加智能化,催生新的创业机会和商业模式。关注技术的发展将有利于创业者更好地把握机会,开展创业。

(二)收集市场信息的方法

1. 间接法

间接法收集市场信息,一般是委托第三方公司对自己锁定的市场进行调研,费用通常较高,非创业型公司可以接受。性价比较高的方式有直接购买相关行业的白皮书,参加相关展会、论坛等。

2. 直接法

除了通过间接法获得市场信息外,还可以通过直接交流的方式获得市场信息,主要有问卷调查法、面谈访问法、电话询问法、观察调查法、实验法等。比如定期电话回访、举办茶歇会、线下拜访等都是非常不错的获得信息的渠道。通过跟客户的沟通、交流,创业者可以收集到其关于产品、服务以及其他方面的真实看法,以便在企业的经营中持续改善。

3. 新兴的网络调研法

所谓网络调研法是指利用互联网技术进行调研的一种方法。随着新媒体技术的发展,在公众号、朋友圈等多种形式的新媒体上发布调查问卷,都可以获取相关的市场信息,大多应用于企业内部管理、商品行销、广告和业务推广等商业活动中。

4. 其他渠道

凡是合法的、不侵犯公民隐私的方式都可以用来获取市场信息。包括统计部门和各级政府部门公布的相关信息,各种经济信息中心、专业信息咨询机构、各行业协会和联合会提供的市场信息和相关行业信息,国内外有关书籍、报刊提供的文献资料,包括各种统计资料、广告资料、市场情况和各种预测资料,生产经营机构提供的目录、广告、专利文献和商品价目表,广播电台和电视台提供的相关市场信息,各国际组织、外国使馆和商会提供的国际市场信息,国内外各种博览会、交易会上分发的文件和资料,以及专业和学术交流会议上发放的文件和材料等。

案例2

李维斯公司的分类市场调查

美国李维斯公司以生产牛仔裤而闻名全球,20世纪40年代末,该公司的累计销售额只有800万美元,到20世纪80年代,销售额已超过20亿美元。40年的时间,250倍的增长,得益于他们的分类市场调查。

该公司设有专门的机构负责市场调查,并在调查中应用心理学和统计学等知识和方法。根据不同国别,分析消费者心理和经济状况的变化、环境的影响、市场竞争条件和流行趋势等,并据此制定出销售、生产计划。根据市场调查,该公司了解到,美国青年喜欢价格便宜、时尚耐穿的衣物,所以耐穿、便宜、时尚成为公司产品的主要目标。因此,该产品成功打入美国青年人的市场。

近年来,在市场调查中,该公司了解到许多年轻的美国女性喜欢穿男式裤子。为满足女性需求,公司推出女式牛仔裤和休闲裤,使女性服装的销量不断增加。因此,虽然美国和国际服装市场的竞争非常激烈,但李维斯公司依赖分类市场调查,使得他们的生产和销售计划与市场上的实际销售量仅相差1~3个百分点。

关于中职生创新创业的调查问卷

亲爱的同学：

您好！为了解中职生创新创业的现状，帮助年轻人更好地开展创新和创业，我们开展了这项研究活动。希望你能花费宝贵的时间填写调查问卷。

1. 您的性别是？

   A. 男　　B. 女

2. 您所在年级是？

   A. 一年级　　B. 二年级　　C. 三年级

3. 您的专业所属类别是？

   A. 文科　　B. 理科　　C. 工科　　D. 医药　　E. 艺术　　F. 其他

4. 您在校期间或毕业后有商业计划吗？

   A. 创办企业　　B. 计划创办企业　　C. 没有考虑

5. 您对创新创业概念的认识是什么？

   A. 创办公司或公司　　B. 开发创新项目　　C. 创办企业，如开店

6. 您认为创业的人需要具备哪些品质？（可多选）

   A. 优秀的领导力　　B. 广泛的人际关系　　C. 团结协作的能力

   D. 努力拼搏的精神　　E. 坚持不懈的精神　　F. 展望未来的能力

7. 您怎样看待中职生的创新创业？

   A. 支持，对社会产生积极影响　　B. 反对，应该选择稳定可靠的工作

   C. 高风险，缺乏社会实践经验　　D. 不注重，每个人都有自己的人生追求

8. 如果您选择创业，您是否认为您现在正在学习的专业应该与未来的创业方向相关？

   A. 完全相关　　B. 具有高度的相关性　　C. 相关，但相关程度不大　　D. 可能无关紧要

9. 什么情况下，您会选择自主创业？

   A. 有自己的科研成果或专利　　B. 就业情况不理想

   C. 有资金投入，没有家庭负担　　D. 为了实现自己的理想

10. 您最倾向于在哪个行业进行创业？

    A. IT行业　　B. 小商品　　C. 餐饮业　　D. 能源和新能源　　E. 创意产业　　F. 物流业

11. 如果您有了自己创新创业的想法，会去实现吗？

    A. 立即实施，掌握自己的未来　　B. 犹豫不决，考虑是否还有缺陷

    C. 不敢，毕竟理想与现实之间存在差距

12. 您是否注意国家颁布的相关政策法规，以支持中职生的自主就业？

    A. 时刻注意　　B. 偶尔注意、了解　　C. 没注意，但知道一点

13. 如果您准备创新创业,那么您希望获得校方的什么帮助?(可多选)

A. 开设创业部门,为创业学生提供建议　　B. 组织与创业相关的活动,提供模拟实践平台
C. 支持资金　　　D. 启动创业指导课程

14. 您认为中职生创业过程中的最大障碍是什么?(可多选)

A. 资金短缺　　B. 缺乏经验　　C. 创业方向不明确　　D. 家庭成员反对　　E. 承担风险能力不足
F. 缺乏专业知识和技能　　G. 创业本身的压力和竞争　　H. 其他

15. 您觉得以下哪项有助于提高中职生创新和创业的能力?(可多选)

A. 学校开展相关课程　　B. 自己收集更多信息　　C. 结交更多朋友,沟通创业思想并从中受益
D. 参加创业大赛　　E. 加强专业知识　　F. 参加更多社会实践　　G. 其他

第二节　选择创业模式

"黑暗餐厅"带来的阳光财富

"想知道怎样在黑暗中把食物放进嘴里吗?试试就知道了,呵呵,很好玩儿!"一位刚从黑暗餐厅出来的女孩脸上挂着满足的笑容,可见她还沉浸在就餐的乐趣中。试想一下,就餐者在伸手不见五指的黑暗中,被屏蔽了视觉,他们在进食中更多地专注于触觉、嗅觉、味觉和听觉的感受,那是一种多么有趣的全新体验啊。

为了吸引食客,这家提倡"黑暗文化"的餐厅有许多有趣的地方。一进门,客人先要交出身上所有可以发光的物品,然后在佩戴夜视镜的服务生带领下穿过黑暗走廊,进入用餐区就餐。在黑暗中,大家可以很随意,再难看的坐姿、再难看的吃相、再奇怪的表情,跟你一起的人也完全看不见。在无尽的黑暗中,没有一丝光亮,吃什么已经没那么重要了,想办法把食物送到嘴里才是乐趣所在。有的客人一不小心还会吃到朋友盘子里的菜。

"黑暗餐厅"等全新的创业模式很有市场潜力。近年来社交需求所带来的市场价值正在成倍增长,传统的休闲消费场所往往让人觉得枯燥乏味,不能满足消费者的需求。而各种线上交友网站又有盈利模式不清,对线下活动依赖性强,线下活动形式低端,组织者人为操控过多,吸引不了中高端消费者等弊端。

"黑暗餐厅"采用"线下+线上+无线"的模式,构建分布全国的线下连锁品牌餐厅,通过强大的线上平台及无线平台经营线下餐厅。同时,"黑暗餐厅"将个性化创意服务与文化经营产业馆嫁接到传统产业,依照"连锁餐厅+交友约(聚)会服务+文化经营"的模式,开创了新的需求,开启刺激的用餐新体验。

到目前为止,"黑暗餐厅"等新型创业模式除了餐饮收入之外,还有接待旅游团队、举办主题活动的收入,其市场前景看好。当前市场经济体制下,创业者都会思考:什么样的创业模式最适合自己?"黑暗餐厅"等创业模式不仅具备截然不同的体验方式和餐饮文化,又顺应消费者追求生活新鲜感的市场潮流。

第五章 审时度势,正确的时间做出正确的事

关键词:创业模式、商业模式

一、不同的创业模式

当下都有哪些创业模式?哪些创业模式比较适合自己呢?现实中创业的模式是多种多样的,创业者应如何按照自己的现实状况选择创业模式呢?网络上总结出了学生创业最易成功的五种模式。

首先是白手起家打天下——积累演进模式。成功是积攒出来的,积累就是让大家先从小生意做起、从基础做起,在创业的过程中学习积累,让自己的知识和经验像滚雪球一样越滚越大,由量变引起质变,最后成就一番事业。年轻没有失败,学生的资本就是年轻,较低的起始门槛会使我们走很长一段弯路,其间会经历无数的挫折和失败,也会有很多的机会与陷阱,这也就意味着必须要付出代价,付出更多的努力,交更多的学费,承受更多的孤独,遭受更多的误解。但你应该感谢这些失败与挫折,它们一次又一次推动你在向前的道路上更进一步。道路虽然坎坷,但尽头就是光明,它将一直指引着你。

第二种是站在巨人的肩膀上——依附式创业模式。同学们如果以未来自主创业为目的而选择就业,就要做出正确的选择。充分利用公司或企业的平台资源,广泛结交和积累人脉资源及其他资源,就算个人发展比较成熟以后也不要盲目地、急迫地脱离这个平台。尝试利用现有的平台资源为自己做点事,先在职创业,打好自己的事业基础,等各方面条件充分成熟以后,再开创自己的事业。与个人创业相比,连锁加盟能够为学生创业者提供已有的品牌、规范的运营模式、健全的市场机制等一系列成熟的经营模式。它分享品牌资源、分享经营诀窍的特点为学生创业者省去诸多创业烦恼,并且提高了创业的成功概率。

第三种是卖大脑无限空间——知识风险模式。知识风险模式就是我们将自己拥有的专长或技术发明转化为直接的生产力,通过"知本+资本"的方式发展企业。"知本"就是指学生创业者所具备的某一专业、技术特长,或成功研制的一项新产品、新工艺;资本指的是投资者的风险投资。知识型创业模式主要集中于电子信息、生物技术、高科技农业等技术含量高的知识密集型行业。

第四种是大树底下好乘凉——模拟孵化模式。如果你已经下定决心创业,创业大赛将为你提供锻炼的机会和展示的舞台,你可以通过此类平台熟悉创业程序,储备创业知识和经验,以及接触和了解社会。企业孵化器由于具备创业的良好物理空间和服务体系,是学生自主创业的沃土。

最后是不走寻常路——网络创业模式。随着网络在我国的飞速发展以及网络经济的迅速崛起,其所蕴含的巨大商机和良好的发展前景使得网络创业成为时代宠儿。

不同的创业模式要求具备不同的素质,准确判断自己的优势和劣势,选择最适合自己的创业模式,可以化解很多的不利因素。天高任鸟飞,海阔凭鱼跃,只要你有一个坚定的创业梦想和一双勤劳的手,年轻的创业者就能闯出一片属于自己的天地。

二、构建商业模式

什么是商业模式?

泰莫斯定义,商业模式是指一个完整的产品、服务和信息流体系,包括每个参与者及其在其中起到的作用,以及每个参与者的潜在利益和相应的收益来源和方式。在分析商业模式的过程中,主要关注市场中某一类企业与用户、供应商和其他合作者之间的关系,尤其是彼此间的物

流、信息流和资金流。

简单地说,构建商业模式的第一步是整合资金流、物流和信息流;第二步是形成具有独特核心竞争力的操作系统;第三步是通过该系统将服务或产品带给用户;最后一步是确认产品及其未来的更新可以为用户带来持续的价值,使系统可以运行很长时间。包括这些循环步骤的整体方案就是商业模式。

直播销售农产品商业模式

在"2018脱贫攻坚公益直播盛典"上,仅4个小时的时间里,来自50个贫困县域的102种农产品在淘宝直播里亮相,帮助贫困县销售农产品超过千万元。现场,安徽省砀山县委常委、副县长朱明春化身主播,和淘宝网红主播薇娅一起推介农产品。

在"首届丰收购物节"直播盛典上,河南省镇平县县长艾进德联手淘宝超人气网红主播薇娅为镇平荷叶茶代言(见图5-3),2小时销售额近60万元,创造了镇平县农产品单品上行销售的最高纪录。现场,艾进德给全国的网民朋友推介来自镇平万亩荷园的优质荷叶茶,通过与主持人和网红主播薇娅进行各种互动交流,并且现场冲泡,现场品尝,引得网友们纷纷下单购买。

图5-3 镇平县县长艾进德与淘宝网红主播薇娅

有很多农民由于缺乏互联网营销方面的知识,大部分农产品都是卖给经销商,经销商再卖给消费者,提高了中间费用,或者是运到集市上卖,受众面小,保证不了销量。现在消费者都喜欢原生态的特色农产品,但很多人根本接触不到真正的土货。很多偏僻地区的农民,他们辛苦劳作了半辈子,自产的水果、蜂蜜等特产只能卖给周边的村民或一些小商贩,想要卖出更好的价格,却不知道怎么宣传。

阿里巴巴利用直播这种新型营销模式,把原生态的农产品真实地展现在大家面前,让更多农民得到了很大的实惠,拓宽了销售市场,甚至可以销往国外。直播是一种易于操作和掌握的手段,连接上 WiFi,靠一部手机或一部摄影机,一场推介会,用不了多少成本,就能够让农民用最直接的方式,将农产品的优点原汁原味地展现给消费者。

农产品的互联网营销虽然有诸多优势,但也不可避免地要面对一些问题。要在农产品产业发展和互联网实际情况的基础上,推进绿色产品认证,促进标准化生产,实施品牌战略;逐步实现包装标准化,着力改善互联网销售环境;壮大农产品行业网络营销,促进农村的发展,提高广大农民的收入,将精准扶贫落到实处。

选择何种创业模式

通过分析目标市场的多变性,有效地利用各种平台资源,选择适当的创业模式,系统全面地分析、解决出现的问题。我们可以通过以下创业模式启发大家重新思索。

(1) 网络创业,有效利用现有网络资源,主要有两种形式,在线开店,即在线注册建立在线商店;在线加盟,以某个电子商务网站门店的形式运营,并使用母体网站的货源和销售渠道。

(2) 团队创业,即有共同兴趣的成员组成一个团队来创业。如今,创业已不仅仅是追求个人英雄主义的行为,团队创业成功的概率远高于个人独自创业。

(3) 概念创业,即凭借创意、想法、构思创业。这些创业概念必须是非常规的,能够抓住机会并吸引投资者的注意力。同时,这些创业概念还必须具有可操作性。

(4) 兼职创业,即在工作之余再创业。比如,培训师可选择兼职培训顾问;设计师可以开设艺术工作室;会计、出纳可代理做账、理财;策划师可兼职广告、营销等业务。

与构思、构建原型、验证测试、改进产品的漫长过程相比,复制成功的互联网产品是一个相对容易的过程。它似乎包含较少的风险,因为该产品已被市场验证和接受,因此许多中国初创公司选择复制并不奇怪。但实际上复制创业模式并不是唯一有效的、没有代价的策略。如果以中国互联网产品为例,豆瓣也许是唯一一个没有模仿外国产品,保持独创的优雅,又取得成功的产品。这说明不复制也是可以成功的。

我的目标和行动

第六章

知己知彼，精准市场定位与营销

CHUANGXIN
CHUANGYE
QIMENG

本章导入

在市场经济迅猛发展的今天,中国市场与国际市场开始接轨,市场竞争日趋激烈化,一般的营销方式再也无法满足企业的发展需求。企业为了能够在激烈的市场博弈中脱颖而出,让自己的产品有别于市场上其他竞争者的产品,精准营销策略被推向前台。企业的精准营销主要体现在产品定位与市场定位这两方面,通过全面精准的产品定位与市场定位使得企业产品更具有针对性,更能高效捕捉目标客户,降低企业运营成本,从而循环推动自身企业品牌资产的新一轮升级,迎接市场的挑战。

扫二维码看视频:小米手机市场定位深入人心!

教学评价

本章根据对知识的掌握程度、运用知识解决问题的能力和拓展创新能力进行考核和评价,采用自我评价、小组评价和教师评价相结合的评价方法,根据知识结构和内容,以及完成主体的不同,具体分 10 个评价项目分别对个人和小组进行考核评价,考核评价表如表 6-1 所示。

表 6-1 考核评价表

评价项目	评价内容	分 值	自我评价	小组评价	教师评价
用户第一的价值观	为什么要用户第一	10			
	如何发展用户第一的价值观	10			
市场调查与评估	市场调查的概念与步骤	10			
	市场评估的概念与分析	10			
市场细分与定位	市场细分的概念与策略	10			
	市场定位的概念与策略	10			
知识应用能力	精准市场定位	10			
	构建自己的营销模式	10			
创新拓展能力	利用信息技术精确市场定位,构建自己的营销模式	10			
职业素养	出勤、纪律、团队协作	10			
总 评					
个人学习总结					
教师总评					

学员签字: 教师签字:

第六章 知己知彼,精准市场定位与营销

第一节 用户第一

导入案例

智能移动办公行业的"独角兽"——钉钉

受限于过去网络速度慢和终端设备的落后,碎片化时间始终无法被高效利用。随着科技发展和社会节奏的加快,人们对时间利用率的追求变得越来越高,这促进了移动办公的蓬勃发展。

钉钉(Ding Talk)是阿里巴巴集团于 2014 年 1 月筹划启动的专为中国企业打造的免费沟通和协同的多端平台,提供 PC 版、Web 版和手机版,支持手机和电脑间文件互传。从 6 人到 100 人再到 600 人,从 0 客户到超过 700 万家企业组织客户、1 亿用户,钉钉的发展速度极其迅猛,被称为智能移动办公行业的"独角兽"。钉钉的 logo 如图 6-1 所示。

图 6-1　钉钉 logo

最新发布的《2018 中国智能移动办公行业趋势报告》显示,智能移动办公市场将持续保持高速增长,预计到 2020 年,市场规模将达到近 500 亿元。虽然众多企业都在紧追风口,然而目前智能移动办公市场的头部效应明显,钉钉以破亿的用户总数占据市场绝对领先地位。根据 Questmobile 最新数据显示,钉钉目前活跃用户数排名第一,且超过第二至第十名活跃用户数的总和,成为企业智能移动办公首选。

具体来看,钉钉的服务范围已经覆盖全部一级行业和全部 96 个二级行业,并覆盖从超大型企业到微型企业在内的全部企业类型,而且各企业类型的增速都非常显著。作为中国原创的移动互联网产品出海,钉钉启动国际化半年时间,用户已经覆盖 195 个国家和地区,活跃用户数增长 400%,组织数增长 500%。

案例分析

钉钉副总裁张斯成(见图 6-2)在浙江电视台教育科技频道《有请领航者》栏目的专访中表示,钉钉的发展之所以势如破竹,是因为钉钉团队把"坚持共创,用户第一"深深地烙印在了产品价值观里。

图 6-2 钉钉副总裁张斯成

外界有些媒体认为钉钉这个团队"讲逻辑比较少"。张斯成解释道:"钉钉作为一款持续创新的产品,更多的不是靠理性的逻辑分析,而是从用户真实的需求出发——think out of the box,打破逻辑,持续创新,才能不断寻求挑战、突破和不可能。"因此,即便不被外界所理解,解决用户的痛点却一直是钉钉前行的主线条。

近几年,随着钉钉的发展壮大,商业化也成了业界普遍关心的问题。张斯成认为:"现阶段钉钉主要将如何更好地服务用户放在第一位,盈利不是钉钉现阶段关注的重点,也并不着急,满足用户需求才是钉钉的重点与根基。中国4300万中小企业,钉钉才服务了700多万家,还有很多企业的需求没得到满足,没有享受到云时代的智能移动办公方式。"

外界对于钉钉在社交领域的崛起,一直有"阿里直插腾讯腹地"的论调。张斯成却认为:"客观地说,钉钉没有对手,最大的对手就是自己。而钉钉最大的优势,就是从用户中来,到用户中去,从第一天到现在,和用户一直在一起。只要用户需要的地方,我们就会勇敢地出现。"

钉钉正通过智能和移动的方式,让企业实现简单、高效、透明、安全的新工作方式,超过700万家企业组织客户,也让其成为全世界最大的工作平台。未来钉钉将继续围绕用户需求,持续创新,为用户带来超出预期的产品和服务,让新工作方式真正得到普及,最终实现客户、员工、股东多方共赢。

关键词:用户第一、企业、价值观

每一个企业的价值观都是围绕用户、员工、股东形成的,对于企业而言,这三者缺一不可,他们相互联系,相互依存,一荣俱荣,一损俱损。但企业对用户、员工、股东有价值上的排序,这将会影响企业的发展。

一、用户第一的价值观

股东在创设企业时,首要考虑的问题都是共通的,那就是,向什么人提供什么样的产品和服务,即用户是谁,要满足用户的什么需求。这是企业存在的根本条件。许多企业会将思考结果落实到企业使命的描述上,因此,许多企业一开始会将用户的价值排在首位,然而,在企业实际发展的过程中却很少成功落实。

随着21世纪的到来,经济市场竞争日趋白热化,一些企业跟不上时代而从市场上坠落。企业逐渐认识到,坚持用户第一的价值观不能只是纸上谈兵,一款产品有没有价值,能不能达到商业盈利目标,首要取决于用户对产品的需求度以及产品的质量。此时用户已真正成为市场的主宰,不但决定着企业的效益,而且决定着企业的兴衰成败。

举个例子,中国市场上的很多企业,他们的企业文化中第一位的价值观就是用户第一。比如当小米成为中国销量第一的手机之后,小米的董事长雷军就不允许内部员工再去讲小米手机的销量第一,他说:"用户喜欢才最重要,用户比第一更重要。只有我们继续研发创新,用户才会喜欢,我们才会保持销量第一。"

因此,企业要实现在新世纪的发展,就要真正树立"用户第一"的思想观念,把用户排在第一位,要把经营理念从以经济效益为中心切实转移到以用户为中心上。

 案例1

史玉柱与脑白金的传奇

史玉柱(见图6-3)是实践"用户第一"的价值观的典范。众所周知,史玉柱早年凭借巨人汉卡和脑黄金迅速起飞,然后在20世纪90年代又因巨人大厦与脑黄金的大跃进,致使企业破产,从商界迅速坠落。经过几年的蛰伏之后,让他东山再起的品牌产品就是——脑白金(见图6-4)。

脑白金是一种保健品,其功效诉求为"润肠通便、改善睡眠"。这是老年人急需解决的两件事情,其作用已在科学上被证实。为了推广脑白金,史玉柱在运作这一品牌的时候,亲自到无锡市的街道、村镇与一些老年人深入交谈,询问他们,如果有一种产品能使睡眠好,身体更健康,你们愿不愿意购买?很多老年人表示,当然愿意,但更希望子女们能送给他们。

于是,史玉柱根据老人们的想法,推出了"今年过节不收礼,收礼只收脑白金"这个在电视台横行多年的广告口号。同时,脑白金品牌的策划完全遵守"721原则",即花70%的精力服务于消费者,把用户的需求放在第一位;投入20%的精力做好终端建设与管理;只花10%的精力用来处理经销商关系。就这样,脑白金成就了史玉柱英雄归来的商业传奇。

图6-3 史玉柱

图6-4 脑白金

1997年，脑白金上市，掀起全国抢购热潮。

2000年，销售额达8.01亿元，上缴税收1.01亿元，成为上海市徐汇区第一纳税大户。

2001年，囊括"中国保健食品100强企业""全国优秀保健食品""保健品全国销量第一"等四项大奖。

2003年，脑白金销量突破1亿瓶。

2005年，捧回保健食品行业首个"连续5年销量第一"的"荣耀杯"。

2007年，连续6年蝉联保健食品销量第一，销量稳步上升，突破1.5亿瓶。

2008年，脑白金畅销11年，销售额突破100亿元，缔造健康产品不败神话。

2014年，脑白金畅销17年，连续16年成为中国销量第一的保健食品，市场份额高达10.13%。

二、企业如何在发展中实现"用户第一"的价值观

随着科技的发展、时代的变化，在互联网时代，"用户第一"已成为品牌建设的导向，"客户驱动、用户第一"正成为新商业时代的标签。对于企业来说，所谓运营与流量，如果不建立在优秀的产品、良好的用户体验的基础上，只会起反效果。

微信已经覆盖中国94%以上的智能手机，月活跃用户达到8.06亿。腾讯公司作为互联网巨头，一直把"一切以用户价值为依归，用户价值是第一位的"这句话作为微信平台发展的第一要事。当微信和其他公司合作时，绝不会出现跟任何公司，包括外部的、内部的去做以资源的交换取代用户价值的情况。当其面对某个合作的时候，首先会考虑的是这样一个合作对于用户而言是不是有价值的，是不是用户所需要的，然后做出决定。

从微信的发展中，我们不难看出，工业时代的思维方式是B2C，也就是从企业到用户，即先有产品或服务，然后才考虑如何满足用户需求。而如今，身处互联网时代，企业必须转型为C2B才有未来，即以客户驱动，用户第一为运营的起点与基础。

那么，企业要如何在发展中实现用户第一的价值观呢？

首先，企业要定义用户。企业在初创之时，最先需要考虑和解决的四个问题为：产品服务于谁？产品的目标用户是怎样一群人？这些用户有什么喜好？在什么场景下需要使用这些产品？这些问题解决完之后，企业便开始着手下一个步骤。

其次，企业要接近用户。当企业明确了自身产品的目标用户之后，不能只根据个例或表面的数据来了解这些用户，而应该去不断地接触真实的用户，比如通过用户访谈、阅读反馈、回复发帖、问卷调研、走进场景、观察用户行为、分析用户数据等方法具体、深刻地了解用户的需求，更好地描绘这些用户的画像。

再次，企业要了解用户。所有企业接近用户，都是为了更好地了解用户，而作为调查者，都有着自己的固有思维。那么问题来了，企业该如何更准确地了解用户呢？这就需要企业变换不同的身份、角度、环境、场景，放空自己的思维，去了解用户群体的使用需求。就和演员想要演好当下的角色一样，只有进入角色，才能让角色更生动，更有说服力。

最后，企业要变成用户。当企业了解完用户的时候，就需要根据其所了解的，去真正做一个

用户。只有当企业真正成为自身产品的一个用户的时候,才能更好地发现痛点,了解痛点,从而找到解决方案。

腾讯的经营理念——一切以用户价值为依归

2017年10月25日,腾讯总结了19年的产品经验,用时16个月,提炼出了8集8分钟的产品课,通过一些事例来阐释其一切以用户价值为依归的经营理念。

以QQ音乐为例,这款产品的目标用户非常广泛,要一个个去了解目标用户是不可能的。随着年纪的增加,不同的年龄阶段会有不同的思维方式。因此,腾讯以年龄为划分依据,把目标用户分成六个组别:80前、80后、85后、90后、95后和00后,然后分别调查不同用户群体喜爱的偶像,深入了解他们的日常生活。

为了接近用户,腾讯形成了一个著名的法则——10/100/1000,即要求团队每月通过电话或面对面的方式接触10个用户,回复100个用户在论坛或微博上的发帖,阅读1000个用户在各个渠道上的反馈。除此之外,腾讯还启动过一个走进用户、倾听心声的"用户零距离"项目。项目组陆续走进各个场景,贴近保安、白领、大学生等不同人群,观察他们的生活,收集最真实的反馈。

腾讯为了更好地定义产品的核心功能,将用户分成四类。第一类是蝌蚪,即什么都不懂的用户;第二类是考拉,即大概知道,但对具体实现并不关心的用户;第三类是穿山甲,即喜欢探索,想进一步了解并尝试解决问题的用户;第四类是河马,即对手机,特别是安卓手机,完全了解的用户。不同类型的用户会有不同的需求。对于蝌蚪类型的用户,腾讯手机管家就推出了一键式体验设计,方便用户操作,不费时,不费脑。

腾讯19年来坚持贯彻一切以用户价值为依归的经营理念,注重长远发展,不因商业利益伤害用户价值;关注并深刻理解用户需求,用优秀的产品和服务不断满足用户的需求;重视用户的沟通和尊重用户的感受,与用户一起成长。腾讯通过不断加深和实践用户第一的价值观,使得自身不断发展,成为中国最大的互联网综合服务提供商之一,也是中国服务用户最多的互联网企业之一。

真正把用户放在第一位

不管什么商业模式、什么产品,其产生价值的前提就是理解用户,因为用户才是变现的资本,是最根本的商业根基。

我们所处的这个时代到处都能看见"用户第一"的口号,估计是继承了当年响彻大江南北的"顾客就是上帝"。可是很多时候,我们并没有像我们口号里喊的那样去理解用户,去听见用户真正的声音。要真正把用户放在第一位,就应该思考两个问题:一是用户是怎么想的?二是用户为什么选择你?有的时候,需要把自己当成用户,把自己当成一位完全不了解产品的用户去体验产品,设身处地地体会用户的心理!

创新创业启蒙

▶ 我的目标和行动

第二节　市场调查与评估

纳爱斯集团的发展史

纳爱斯集团是专业从事洗涤和个人护理用品的生产企业，其技术力量雄厚，设备精良，拥有多项自主知识产权与专利。集团自主开发了"纳爱斯""雕""超能""西丽"等品牌，是世界上最大的洗涤用品生产基地，年销售额超过 53 亿元。其中，肥皂年产量 28 万吨，占中国肥皂行业总产量的 49.1%；洗衣粉的年销售量超百万吨，占中国洗衣粉行业市场份额的 39.63%。集团的销售总量是其他在华国际公司的 5 倍，做到了肥皂、洗衣粉、液体洗涤剂三大产品全国销量第一。纳爱斯集团 logo 如图 6-5 所示。

纳爱斯集团 2005 年进入洗涤用品行业世界前八强，谁又会想到 20 年前它还只是浙江丽水的一家国营小厂。它是如何成为中国洗涤行业的龙头老大的？几年前还被联合利华、汉高和宝洁占据的中国洗涤品市场，又如何转眼间成了纳爱斯的天下？归根结底还是因为纳爱斯集团在开发产品前期进行了详细的市场调查和评估，然后经过记录、分析，最后研究出了符合市场大众需求的产品。

第六章　知己知彼,精准市场定位与营销

图 6-5　纳爱斯集团 logo

案例分析

20世纪90年代初,中国洗涤用品市场存在三股势力:一是以宝洁、联合利华为首的跨国势力,其产品质量过硬、价格不俗;二是以"活力28"为代表的本土企业,其市场意识淡薄、创新能力弱;三是以纳爱斯、奇强为代表的新兴本土企业,其企业机制灵活,善于学习。

纳爱斯的商业成功是从洞悉市场开始的,在经过市场调查、分析和评估后其发现:一方面,消费者忍受着味道难闻、包装丑陋的肥皂;另一方面,外资企业在玩"高品牌,高价格"的游戏,而价格却超出了大多数消费者的承受能力。因此,纳爱斯找到了市场的突破点——面向大众市场的"高品质低价位"的产品。

瞄准了机会后,纳爱斯首先上市雕牌透明皂(见图 6-6),形状方面由大变小,一手可握,香味改为清香型,价格为中档的价位。雕牌透明皂一上市,迅速被成千上万的消费者接受。随后纳爱斯推出低价位、中档质量的洗衣粉(见图 6-7),先打出"只买对的,不买贵的"主题广告,后又推出亲情广告"妈妈,我能帮你洗衣服了",一下子抓住了中国百姓的心,销量迅猛增长,纳爱斯一举成为洗衣粉老大。同时,大额的销量也保证了纳爱斯的低成本、大规模生产。

图 6-6　雕牌透明皂

图 6-7　雕牌洗衣粉

关键词：市场调查、市场评估

当产品或服务从生产者转移到消费者，就形成销售活动。企业在销售活动中，将面临市场、产品、价格、渠道、消费行为等许多问题。为了解决这些问题，企业通过自身或委托调查公司搜集相关资料，加以分析与评估，从而辅助企业进行决策。因此，任何企业在进行营销活动前，都必须进行市场调查与评估。

一、市场调查的概念及理论

市场调查是企业以提高营销效益为目的，依据一定的理论原则，运用科学方法系统地、客观地、全面地收集与企业营销活动有关的市场信息，对收集的信息进行纪录、分类和整理，运用一些分析方法和分析软件对信息进行总结提炼的过程。企业通过市场调查，形成有说服力的、理论与实践相结合的结论与建议，有利于为企业确定和调整策略提供客观依据，同时也对企业产品进行了准确的市场定位，从而更好地满足顾客的需要。

举个例子，20世纪80年代末，全国人民正处于下海经商的热潮中，许某也受到影响，于是决定辞掉工作和夫人一起下海经商。他们听闻重庆有一种注水的防暑降温坐垫十分畅销，于是联想到海口市属于亚热带气候，其夏季时间长、温度高，认为这种防暑降温坐垫在海口市铁定畅销。然后许某夫妇立即筹借资金15万元，去重庆购买了1万只坐垫运送到海口，并计划以30元一只的价钱出售。可惜事与愿违，这1万只坐垫花了三年时间都没有卖完。后来由于坐垫的橡胶老化，许某只能花钱雇人把坐垫运送到垃圾站。下海经商失败后，夫妻俩百思不得其解，于是决定对海口的市民进行调查。最后，他们得出这样一个结论：虽然海口市夏季白天的气温高达37℃，但因为临近大海，晚上反而很凉快。并且海口市的市民主要分为两类人，一类是本地人，另一类是商人。本地人家里有空调，而商人几乎整天往外跑，或整天坐在有空调的办公室里工作，因此他们都不需要这种降温用品。

通过上述事例，我们可以明白利用市场调查获取企业所需的必要信息是企业做出正确决策的前提，同时也是企业预测未来发展趋势的基础，对提升企业的经营实力和效益有着至关重要的作用。不管是新创的企业，还是发展已久的企业，也不管企业组织机构的设置如何，每个销售人员、每个企业决策者都应充分重视市场调查。

那么，企业应该采取哪些步骤来进行市场调查呢？

第一步，明确调查的中心，就是企业希望通过本次市场调查了解到什么样的结果。比如用户的需要、用户的消费心理、竞争对手的销售方法、品牌口碑情况或者广告渠道等。

第二步，确定调查对象。企业调查的对象分为三种，一是企业产品的用户，二是企业的竞争者，三是企业合作者和业内的中立者。对于一个企业来讲，用户是企业的根本。如果企业的产品让用户满意，他们不仅会成为回头客，而且还会带来新用户，从而给企业带来更多的利益。与之相反，倘若企业没有顾客光顾就会倒闭。用户是为了满足自身不同的需求而选择去购买产品或服务，所以用户现在和潜在的需求就是企业市场调查的核心问题。

对企业而言，市场调查还有另一项重要内容，即对竞争者的分析。所谓竞争者，就是提供与企业相类似产品的其他现有企业。企业要学会把竞争者看作是推动自身发展的老师而不是敌人，从竞争者那里获得有益信息，通过学习借鉴他们独有的销售模式、多方面的广告渠道、极具特色的服务体系等，把有关未来企业发展的构思变成现实。而企业合作者和业内的中立者则能从第三方角度给企业提供一些极具价值的信息和客观的评估分析报告。

第三步,确定调查内容。企业在制定市场调查方案时,要确定以下三个内容:首先,确定资料来源。企业想要制定出精密而准确的分析报告,就必须先确定收集的资料是第一手资料还是第二手资料。其次,确定调研方法。企业可根据确定的资料来源,确定最有效的调查方法。如果企业收集的是第一手资料,就可采用问卷调查方式,通过派遣人员到用户密集的场所,比如商场、展销会等去分发问卷,同时借助录音机或录像的方式进行实地考察,以此来获取重要的市场信息;也可借助问卷 app 自动形成问卷,发放到用户邮箱、微信公众号等网络社交平台让用户填写,最后通过问卷 app 汇总结果。如果企业收集的是第二手资料,就可以通过搜索引擎或者网上数据库等方式了解具体信息。最后,确定统计方案。如今许多企业都采用统计分析软件进行数据分析,从而减少误差,更加容易整合到市场调查中。

 案例1

海尔集团开拓美国市场的成功之路

海尔集团于 1984 年在青岛创立,从开始单一生产冰箱起步,经历了三十多年的创新创业,海尔集团已从一家濒临倒闭的集体小厂发展成为全球领先的家用电器制造商之一了。

1999 年,海尔集团决定在美国南卡罗来纳州投资建设一个生产中心,成为第一家在美国制造和销售产品的中国公司,由此开启了在美国制造冰箱的历史。一开始,海尔其实很难在美国市场占有一席之地,因为当时的美国市场已经成熟,是世界公认的最难进入的一个市场。再加上美国家电市场名牌荟萃,竞争激烈,几乎是所有世界名牌的竞技场,并且像惠而浦(Whirlpool)、通用(GE)等美国本土品牌也早已处于成熟期。

因此,海尔对美国的白色家电市场做了详细的调查分析,发现当时美国的家电市场存在这样一个现象:200 升以上的大型冰箱已被通用、惠尔浦等企业所垄断,而 160 升以下的冰箱销量相对较少。这是因为通用等厂商认为 160 升以下的冰箱需求量不大,因此没有投入多少精力去开发市场。并且海尔还发现随着新型婚姻观念的出现,美国的家庭人口正在逐渐变少,独身者逐渐变多,这会导致日后小型冰箱越来越受欢迎。海尔利用市场调查,对产品的用户人群进行了准确定位,将目标定位于对家电还没有形成习惯性购买行为的年轻人。

根据以上调查分析,海尔决定在美国市场开发 60～160 升的各种类型的小型冰箱(见图6-8)。后来,只是短短几年时间,海尔在美国 180 升以下小冰箱市场中已占到超过 30% 的市场份额,超过美国三大家电生产商——通用、惠而浦和美泰克,成为轻便型电冰箱销售排行榜的老大,从最初的向美国出口冰箱转变成在美国市场成功建立自己的品牌。

图 6-8 海尔小型冰箱

二、市场评估的概念及理论

市场评估是企业对选定的目标市场可行性评价测估的过程。企业利用市场评估筛选有用信息,然后根据选定的每一个目标的价值合理配置有限的营销资源,做到用最少的投入获取最大的收益。每个企业家或投资者在创办企业的道路上,都必须做好充分了解市场的工作。无论是制定有关用户人群还是产品价格的制度,都离不开专业的市场评估。因此,市场评估是设计市场营销方案,制定营销决策的重要基础,在企业的发展中发挥着非常重要的作用。

在市场评估方面,企业可以利用SWOT分析法。所谓SWOT分析是在对企业外部环境和企业内部资源综合分析的基础上,进而分析企业的优势和劣势、面临的机会和威胁的一种科学的分析方法。SWOT分析法如图6-9所示。

图6-9 SWOT分析法

我们从整体上看,就会发现可以把SWOT分析法分为两个部分。第一部分为SW,主要用来分析内部资源条件。第二部分为OT,主要用来分析外部环境因素。企业既可以利用这种方法找出对自身发展有利的因素,还可以发现和避免对自身发展不利的因素。企业可以根据分析发现存在的问题,并把问题按轻重缓急分类,找出解决方法,以便企业的领导者做出较为正确的决策,明确企业以后发展的方向。

市场调查与评估

市场调查和评估是企业运营过程中的重要环节,它把消费者、客户、公众和企业联系在一起。通过市场调查和评估得到的信息可以识别、定义市场机会和可能出现的问题,制定、优化营销组合并评估其效果。市场调查要确定说明问题所需的信息,设计收集信息的方法,监测和执行数据收集的过程,分析结果,并把调查中的发现及其含义提供给企业决策者。市场调查应该包括但不限于定量调查、定性调查、媒体和广告调查、商户和工业品调查、特殊社会群体调查、民意测验和案例研究等。

第六章 知己知彼，精准市场定位与营销

市场调查是为制定长远的战略性规划，也可能是为制定某阶段或针对某问题的具体政策或策略提供参考依据。市场调查的对象是民众，可以是广泛意义上的民众，也可以是具有某些特征的民众。市场调查的内容可以是有关民众的意见、观念、习惯、行为和态度的任何问题，可以是抽象的，例如人们的理想、信念、价值观和人生观等；也可以是具体的，例如人们接触媒介的习惯，对商品品牌的喜好，购物的习惯和行为等。

市场调查与评估应当采用科学的方法设计方案、定义问题、采集数据和分析数据，从中提取有效的、相关的、准确的、可靠的、有代表性的、当前的信息资料。市场评估的结果是将调查数据经过科学方法处理分析后的基础性数据和资料，调查中发现的问题、受到的启示以及有关的建议可以帮助决策部门利用这些信息做出相应的反应或行为。

▶ 我的目标和行动

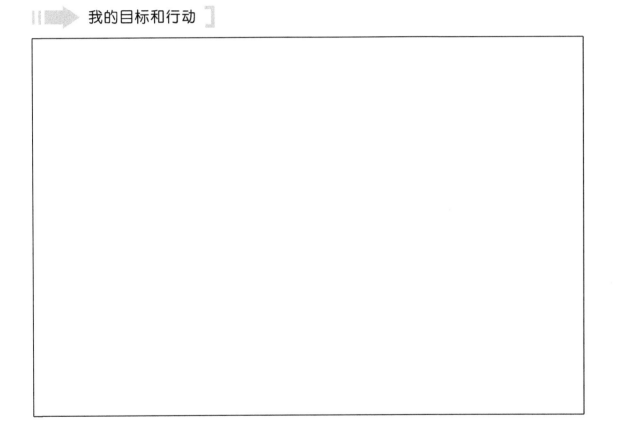

第三节　市场细分与定位

出人意料的国产手机黑马——小米

21世纪以来，我国的通信产业得到了突飞猛进的发展，手机的使用已经变得越来越普及。截至2010年9月，我国手机拥有量已经超过8亿户，超过了10多年前全球手机用户的总和。

不同品牌、不同设计的手机蜂拥而至。

小米,一个2010年才出现的手机品牌,不到一年的时间其销量就远远超出了其他国产智能手机品牌,在硝烟弥漫的手机市场成功站稳脚跟,成为继魅族、OPPO等品牌之后的又一国产手机知名品牌。它主打低价、高配置,性价比超高。小米公司坚持为"发烧而生"的产品理念,首创了用互联网开发手机操作系统的模式,60万发烧友参与了开发改进。

2011年12月18日,小米手机(见图6-10)第一次正式网络售卖,创造了5分钟内售完30万台的辉煌成绩,小米一战成名。

图 6-10　小米手机

在接下来的几年里,小米乘胜追击,通过融资不断扩张,到2013年下半年,小米估值已经到了100亿美元。2014年,小米的产品涵盖了手机、平板、电视、盒子、路由器等,实现全方位发展。2015年4月8日,小米举办了2015年米粉节,当天共销售手机212万台,总销售金额约20.8亿元,成了小米网络销售成绩之最。

小米手机是小米公司研发的一款高性能发烧手机,主要针对手机发烧友。它的系统是开放的,方便手机发烧友刷系统,而发烧友往往以年轻人居多。因此,它在年龄层次上更适合年轻人购买,在外观设计上适合不同性别。

当前国内手机市场充斥着各种品牌,手机大部分都是定位于普通消费者。高端玩家对手机配置要求极高,喜欢刷机、玩3D游戏、观看高清电影等时的流畅体验。为此,高端手机的开发成了很多国际一线厂商关注的重点。但是高端手机价格昂贵,这导致很多爱机人士无法负担。小米手机的出现打破了这种现状,高配置和中等价位的小米手机满足了那些低收入的爱机人士的需求,由此迅速打开了国内市场并占领了一定份额。

对于企业而言,想要在销售过程中降低成本,最好的方法就是减少销售渠道。所以小米放弃传统销售方式,选择线上销售。网购模式下,小米手机的价格基本为1000至3000元,使用户能花更少的钱买到产品。

第六章 知己知彼，精准市场定位与营销

关键词：市场细分、市场定位、消费者、竞争

随着市场经济的不断发展，相同领域、相同行业的企业竞争日益激烈。面对这种情况，新兴企业只有立足自身优势，清醒认识市场环境，在严格管控产品品质的前提下，对市场进行正确的细分与定位，熟练运用品牌营销策略，才能在激烈的市场竞争中得以生存和发展。

一、市场细分的概念及理论

所谓市场细分，是指在市场调查研究的基础上，从消费者的需求、购买习惯和购买行为的差异性出发，把某种产品的市场整体划分为若干个消费者群的市场分类过程。

企业之所以把整体市场划分为若干个小市场，首先，是由消费者的个性差异所决定的。每个消费者由于所处环境不同或自身条件的差异，会有不同层次、不同方向的消费需求，比如不同年龄段的消费者对手机的需求肯定也不相同。对于年轻的消费者而言，他们想要拥有的手机不仅配置要高端，其外表还必须美丽、时尚。与之相反，年龄大的消费者更重视手机的实用性，只要具备基本的功能，字大、声音大就可以了。除不同年龄阶段有不同的消费需求之外，同年龄段的消费者也有不同的消费需求。因此，简单来讲市场细分就是根据消费者的需求和期望进行市场分类。

其次，企业自身的运营、资本、资源等因素要求企业进行市场细分。每一次市场细分需要相对应的营销计划，而每一个营销计划又需要额外的市场研究、分析计划等工作，因此会产生一系列营销工作的成本。公司必须衡量增加的成本与增加的销售额之间的关系，所以这就要求企业必须将复杂、多变的整体市场进行细分，同中求异，异中求同，发挥企业的优势，满足消费者的需要。

企业进行市场细分的方式有很多，但最常用的也是比较重要的还是消费者市场细分。企业通常用四个因素来细分消费者市场。

第一，地理细分。消费者由于所处环境、区域不同，使得自身的消费观念和消费行为也不尽相同。所以，地理因素是企业进行市场细分的重要因素之一。我们把可以市场分成不同的地理区域，如国家、地区、州、县、城市、农村或者街区等。

第二，人口细分。将市场按人口因素分为多个群体，这些因素包括年龄、性别、家庭人口、家庭生活周期、收入、职业、教育、宗教、种族和国籍等。消费者的需求、愿望和使用率随人口因素的不同而变化，因此该因素是常用的细分消费者群的因素。

第三，心理细分。根据社会阶层、生活方式或个性特点，将消费者分为不同的群体。

第四，行为细分。根据人们对产品的了解、态度、反应和使用情况，将消费者分成不同的群体。

企业要是想制定出与自身发展相匹配的市场营销战略，提高市场占有率，市场细分是强而有力的手段。企业通过市场细分，使得发展目标更加明确，能够在激烈的市场竞争中最先抓住市场机会，在集中优势满足用户的情况下给自身带来巨大的利益，得以生存和发展。

案例1

日本三菱公司开拓女性手机市场

2005年，三菱公司开始接触手机市场，虽然三菱汽车在全球享有盛誉，但三菱手机上市后

却销量平平,和当时的手机巨头——诺基亚、摩托罗拉根本无法相提并论。随着无线通信的迅速发展,越来越多的人开始使用手机,手机用户呈现向两头延伸的趋势,消费群体从以中年人为主变成了青年人、中年人两者并存。

三菱公司针对这一现状了解到,年轻的消费者,特别是年轻的女性消费者希望有一部彰显女性个性的手机。于是三菱公司抓住商机,深入调查,从手机市场细分出女性手机市场并决定迅速占领,设计出女性专属的三菱小菲手机(见图6-11)。

三菱小菲手机改变了过去黑色、灰色等充满男性特征的手机外壳,利用亮眼的银色、银灰色吸引女性目光,同时为了体现女性的柔美,选择了修长、圆润的造型。拥有亮丽外壳、优美造型的三菱小菲手机迅速赢得了女青年的喜爱,初入市场反应巨大,当时几乎成了日本女性的购机首选,三菱公司的手机市场占有率由此提高。紧接着三菱公司为了进一步扩大产品的销量,满足女性用户爱发短信的需求,向市场推出了改进后的"三菱小菲+"。后来其他公司也相继推出女性手机,女性手机市场由此正式确立。通过这件事情我们可以发现,三菱公司的成功正是因为对手机市场进行了正确的细分,使得上市的产品获得了极好的销路,也提高了其销量和市场占有率。

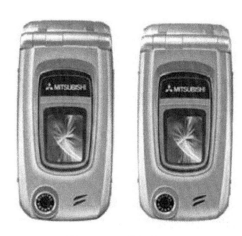

图6-11 三菱小菲手机

二、市场定位的概念及理论

供大于求是当今许多市场存在的严重现象,用户资源的有限使得生产同类产品的厂家之间的竞争异常激烈。所以企业必须对产品进行准确的市场定位,从而使产品获得稳定销路,占有一定市场比率。

市场定位是指根据所选定的目标市场的竞争状况和自身条件,确定企业和产品的特色、形象和在目标市场上的位置的过程。一项产品能否吸引用户的因素有很多,如形状、构造、成分、质量、性能、包装等。市场定位就是在市场细分的基础上,通过强化或放大这些产品因素来树立产品特色,形成独树一帜的形象。企业通过市场定位明确品牌形象,使消费者认识到本企业产品和其他企业产品之间的差异,从而在消费者的心中占据独一无二的地位。概括来讲,市场定位的实质就是使企业产品以独特的形象存在于目标用户的心目中。

一般企业采取的市场定位策略有三种,包括避强定位、迎头定位和重新定位策略。

第六章 知己知彼,精准市场定位与营销

避强定位策略是指企业将产品定位于另一市场区域内,让其产品的某些特征或属性与竞争对手有所区别,从而避免与强有力的竞争对手发生直接竞争。因为避强定位策略的实施风险相对较小,成功率普遍较高,能够让企业在市场上迅速站稳脚跟的同时,在用户的心目中树立品牌形象,所以通常被大多数企业采用。例如蒙牛初创时期,势单力薄,国内市场又有强敌伊利,蒙牛想要树立名牌谈何容易?但蒙牛选择用两点论的观点看问题,既与伊利竞争也向伊利学习,萌发了利用伊利的知名度来打响自己品牌的创意,即打造内蒙古乳业第二品牌。伊利是内蒙古乳业第一品牌的事实众所周知,但是要问内蒙古乳业第二品牌是谁?无人可知。于是蒙牛站在伊利的肩膀上甩掉其他竞争者,创建一个一人之下、万人之上的局面,从而打响了知名度,获得了消费者的认可。

迎头定位策略是指企业为了使自己的产品获得较佳的市场位置,根据自身实力,与市场上占支配地位的竞争对手发生正面竞争的策略。由于竞争对手强大,使得这个对抗过程往往吸引着许多消费者的目光,消费者能从中较快地了解到企业及其产品的相关信息,进而达到树立市场形象的目的。但是这种策略的实现风险较大,可能会引发激烈的市场竞争,给相关行业造成不良影响。所以企业在实施迎头定位策略前,必须做好充分的准备,正确了解市场容量,做到知己知彼,分析凭借自身的能力、资源是否能和竞争企业平分秋色,或更胜一筹。

重新定位策略是企业对销路少、市场反应差的产品进行二次定位,是企业摆脱经营困境,寻求新的活力的有效途径。企业也可能因产品变化、市场需求变化或扩展市场而重新定位。比如,具有中国驰名商标的红豆集团,1996年以前实行的是高价位名牌策略,红豆衬衫只在全国销售一百强的大型商场里销售。不过,在对服装市场进行调研、分析后,红豆集团马上做出了新的决策,在1997年调整了经营策略——重新定位红豆衬衫的市场。红豆集团选择降低衬衫价格,其产品从大型商场扩展到各地大型批发市场,面向大众,使"名牌"变成普通群众也消费得起的"民牌"。截至1998年底,红豆品牌在全国各地有143家经销商,走向二十多个国内大型批发市场,产品覆盖全国城乡。

案例2

肯德基与麦当劳

肯德基和麦当劳(见图6-12、图6-13)是中国快餐行业一对有名的"欢喜冤家"。肯德基比麦当劳早三年进入中国市场,为了吸引消费者,麦当劳不得不与肯德基展开激烈的竞争,这使得很多城市都出现过两家企业之间的价格战、促销战和广告战。随着两者的产品结构和行销手段日趋相近,麦当劳和肯德基体验到了"既生瑜何生亮"的感觉,双方在竞争中都不甘示弱。

肯德基曾推出一则广告,其中在大大的问号里写着:"羊能克隆,肯德基也能克隆?"很多人看后不禁哑然失笑,知道这是在讽刺麦当劳也开始卖炸鸡。我们都知道,麦当劳以"牛肉汉堡"闻名,"肯德基的炸鸡,麦当劳的汉堡"一直各有地盘,相安无事。但麦当劳却打破其在全球市场统一的"牛肉汉堡"菜单,在中国市场推出"麦辣鸡"和"鸡腿汉堡",似乎在向烹鸡专家——肯德基"叫板"。肯德基的一位高层管理说:"肯德基的炸鸡是全球统一的配方,加上集半个世纪的烹饪经验,虽然是西式快餐,但口味却十分适合中国人,这几点都使其比麦当劳在口味上更占优势。麦当劳费尽心思改变自己的汉堡专卖形象,也推出与肯德基相似的'鸡肉汉堡'和'麦辣鸡',这不是在克隆肯德基吗?"

图 6-12　麦当劳

图 6-13　肯德基

反其道而行的校企合作

中海航集团是一家集投资、教育、贸易、运输为一体的综合性企业,通过自创的职业院校校企合作模式,在市场中赢得了一定的份额。市面上的职业院校校企合作通常存在两种问题,第一种是企业根本不关心学校的发展,也不想介入学校的人才培养,只在毕业季收割毕业生,通过一茬一茬的收割来补充自己的人才缺口。第二种是打着校企合作的幌子,实际上只想着怎么把自己的产品卖给学校,好从中大赚一笔。两种形式要么要人,要么要钱,都是校方不欢迎的。中海航提出了百城百校亿元进校园计划,提前介入人才的培养,利用国家行业资金、民间资金,投入人力、财力帮助学校培养学生,选择在一百个城市中的一百所中等职业技工学校投放 2 亿元资金,帮助有需要的学校开展高技能人才的培养,学生毕业后到中海航集团旗下的相关企业就业。中海航投入真金白银,为自己、也为行业企业培养了人才,这才是真正的校企合作,互惠互利,有着广阔的市场前景。

找到自己的市场定位

创业时对自己的产品进行市场定位是非常重要的,决定着创业的成败。了解市场并不难,关键是如何在市场的变化中精准地挖掘需求,找到自己的落脚点。下面就以淘宝产品的市场定位为例,来看看具体要从哪些方面入手,做好自己的市场定位。

一是进行市场调查,可以通过搜索引擎看数据,只要消费者有购物需求,一般情况下就会产生搜索记录,还可以搜索目前市场上相关领域的主流产品与服务,了解它们的特点(优势与劣势),与自己的产品和服务进行对比;二是对数据进行分析,精确地找到自己的客户群,知道需要为哪些人提供服务;三是根据市场需求,修正自己的服务和产品(向市场靠拢),对未来的趋势进行预测,然后对自己的服务和产品进行修正,与市场相吻合,创业成功的可能性就会大增。

第六章 知己知彼,精准市场定位与营销

> 我的目标和行动

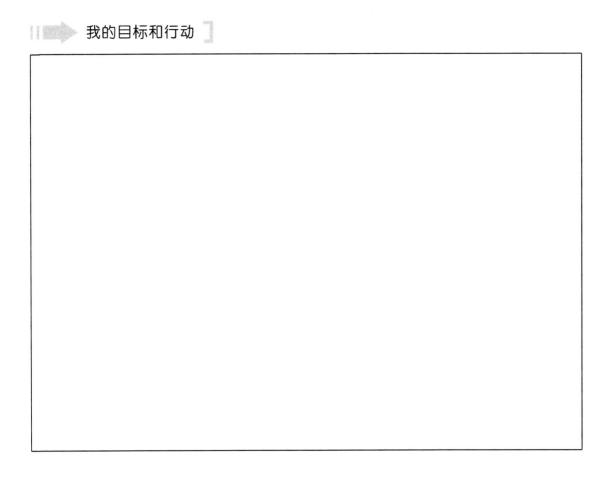

第四节 构建自己的营销模式

可口可乐的营销模式

1886年,一种为全世界的人们带来怡神畅快的美妙感受的饮料——可口可乐在美国诞生。据统计,全球每天有17亿人次的消费者在购买可口可乐公司的产品,可口可乐公司大约每秒钟售出19 400瓶饮料,是目前全球最大的饮料厂商。英国调查公司欧睿根据2017年的全球零售销售额排出全球最成功的100个快速消费品牌,其中可口可乐公司排名第一,它的品牌价值区间为350亿~450亿美元。

1979年中美正式建交后可口可乐公司重返中国市场,截至目前累计在华投资超过130亿美元,全国范围内建厂44家,员工总数超过45 000人,其中本地员工占比高达99%。可口可乐公司长期以来大力支持中国的教育及公益事业,推广环境保护以及帮助当地社区发展,捐资总额超过2.7亿元人民币。另外,可口可乐也是唯一一个全方位赞助在中国举办的特奥会、奥运会、残奥会、世博会、大运会及青奥会的企业。

案例分析

可口可乐公司利用4P营销理论，打造了一个可乐王国，并且收益不断。4P营销理论被归结为四个基本策略的组合，即产品（product）、价格（price）、渠道（place）、宣传（promotion），由于这四个词的英文首字母都是P，所以简称为"4P"。

图6-14 可口可乐公司销售产品

针对产品策略，可口可乐公司一改从前的"给世界一罐可口可乐"的风格，不断研发新产品，丰富产品种类。目前，可口可乐公司主要销售以下四种饮料：以可口可乐为商标的碳酸饮料；饮用水系列产品；含咖啡因和维生素的功能性饮料；有益于健康的营养的果汁和含乳饮料（见图6-14）。

除了可口可乐外，可口可乐公司销售的其他三个主要的国际品牌和众多其他品牌的产品包装下都注明"可口可乐公司荣誉出品"字样，这就是可口可乐公司实施的多品牌战略。把销售量最高的可口可乐作为品牌的核心，对雪碧、芬达等产品进行二线保护，其他知名度较低的品牌产品为第三线的补充产品，由此组建庞大的品牌家族。可口可乐公司实施的多品牌战略有利于公司旗下的各个品牌之间相互支撑，一荣俱荣。又因为合理的品牌距离，使得某一品牌出现风险时，可以适当规避连带风险，不会出现一损俱损的局面。

自进入中国市场以来，可口可乐公司一直采取渗透定价法的价格策略，通过低廉的价格（见图6-15、图6-16）占据了整个市场。与可口可乐公司互为劲敌的百事可乐公司准备在中国市场销售产品时，由于可口可乐公司早已制定同类产品的价格，并且深入人心，所以百事可乐公司产品的零售价不得不向可口可乐公司看齐。同时为了打响品牌，他们还需要投入大量成本，不断打广告、做促销来吸引消费者，因此在进入中国市场的十几年间，百事可乐一直都没有盈利。

当自己处于同类产品市场的顶端时，主动降低产品价格，减少竞争企业在价格上兴风作浪的空间。同时，自己占据更大的市场份额，使其他竞争企业销售产品的成本大于利润，以上都是可口可乐公司实施的价格策略的主要特征。长期下来，竞争企业盈利少，甚至出现无法形成规模经济而亏损的情况，最终只能退出市场。

图6-15 1.25 L可口可乐价格

图6-16 330 mL可口可乐价格

第六章 知己知彼,精准市场定位与营销

在渠道方面,可口可乐公司在中国采用的是广泛性分销策略。所谓广泛性分销策略,是指在同一渠道层次使用尽可能多的中间商分销其产品。可口可乐先后采用了3A到3P的分销策略。3A当中的一A(availability)是指"买得到"——意为可口可乐产品随处都能买得到。后来,为了满足消费者的需求,可口可乐又提出了3P的分销策略。3P中最重要的一P就是pervasive,即可口可乐无处不在,任何人都随手可得。所以可口可乐公司自进入中国市场以来,始终秉承不放弃任何一个小的零售商的理念,使得消费者不管身处大型商场,还是小型杂货铺,都可以买到可口可乐产品。

在宣传方面,可口可乐公司一直认为促销是一种有效的宣传手段。因为促销有利于加强消费者对产品的了解,向消费者提供购买产品的附加理由,带给他们更多优惠的同时也刺激了他们的消费,使企业在短期内增加售点客流量和产品销量,从而实现企业利润目标。

除促销之外,可口可乐公司还有一个宣传手段,即广告。可口可乐公司通过广告进行宣传,不仅提高了消费者的购买欲望,打响了产品的知名度,也树立与加强了产品及品牌的良好形象。在公共关系方面,可口可乐公司通过传统的火炬传递赞助在人们心目中树立了良好的品牌形象(见图6-17)。同时,可口可乐公司与腾讯公司充分利用了大众渴望参与奥运、祝福奥运的热情,两家企业合作开展奥运火炬在线传递活动,借助腾讯QQ软件作为平台,以可口可乐作为内容,以一种较为高效的信息传播方式快速蔓延,吸引着亿万网友的眼球,达到了非常好的营销效果。

图6-17 可口可乐公司的广告

关键词:产品策略、价格策略、渠道策略、促销策略

每一个企业都是围绕着用户的需求去设计、研发、生产产品。对于用户而言,产品的质量、价格、包装等因素都是产品的加分项,会在不同程度上吸引用户去购买产品。它们相互联系,相互依存,是企业能否成功地将产品打入市场,扩大销售,实现企业经营目标的重要因素。企业如果滥用4个策略,将会制约自身的发展。

一、产品策略

企业的一切生产经营活动都是围绕着产品进行的,即通过有效、及时地提供消费者所需的产品而实现企业的发展目标。因此,企业在制定产品策略时就不得不思考有关问题,如企业是为了满足谁的需求而生产产品,要生产多少等。

那么产品到底是什么呢?产品是指够进行市场交换并满足人们某种需求的劳动成果。社会上一般把产品分成五个层次,其中核心产品是最基本的层次。核心产品是指企业向消费者提

供的产品基本效用和利益。此外,还包括了实体产品、期望产品、附加产品和潜在产品。

昔日辉煌的柯达,在 2012 年宣布破产。其破产的原因,一是来自市场领域的激烈的价格竞争,另一个便是来自数字成像技术对传统成像技术造成的冲击。传统成像技术的不足之处在于:其一,高昂的成本、笨重的设备、严重的污染是底片与相纸生产和冲印过程中难以解决的问题;其二,底片和相纸体积大,不能永久保存,人们在使用时会有查找的困难。柯达公司最终的破产原因,正是因为其忽略了产品的整体观念。

随着科技的快速发展,社会的不断进步,消费者需求日趋个性化,市场竞争程度加深,产品的内涵和外延也在逐渐扩大。这就对企业的经营提出了更高的要求。因为,在产品的核心功能趋同的情况下,谁能更快、更好地满足消费者的复杂的整合后的需求,谁就可以赢得消费者,从而占有市场,取得竞争优势。

现如今消费者对产品的期望价值已从单一价值转变成多方面的综合价值。所以,不断拓展产品的外延部分,如企业能够提供的服务、工作人员的素质和企业整体形象等已成为现代企业竞争的焦点。

"奔驰"的产品策略

德国的奔驰汽车(见图 6-18)一直在全球享有极高的声誉,深受全世界用户的喜爱。在日本,一辆奔驰车的价钱可以抵两辆日产车。虽然奔驰车价格昂贵,但却一直能在日本汽车市场占有一定份额。奔驰公司的成功,极重要的一个原因就是它提供给用户的产品不只是一辆汽车那么简单。除了作为交通工具的产品本身外,还包括好的质量、独具特色的外形、完善的售后服务等,即以产品多方面的综合价值来满足用户的期望。

图 6-18 奔驰汽车

为此,奔驰公司制订了检查制度并培养了一批技术熟练的员工,严格把控产品和零部件的质量。奔驰公司还有一个完整而方便的服务网,包括推销服务网和维修站两个系统。推销服务网系统下,用户可以通过分布在全球各大城市的 4S 店,了解奔驰汽车的各种信息,同时用户也可以提出更换车辆颜色、安装好的空调设备等要求。此外,奔驰公司的各个维修站之间的距离不到 25 公里,能及时满足用户的维修需求。

正因为奔驰公司始终贯彻集质量、服务、造型于一身的产品的整体观念,它才能在全世界打响品牌,成为全球汽车工业的一大巨头。

二、价格策略

价格策略是指企业通过对用户需求的估量和成本分析,选择一种能吸引用户,实现市场营销组合的策略。企业对产品定价的目的是促进销售,获取更高的利润。但在市场营销组合策略中,价格不仅是最难确定的因素,也是决定企业交易能否成功的重要因素。所以企业在确定价格策略时,要做到以科学规律的研究为依据,以实践经验判断为手段。在维护企业和用户双方经济利益的前提下,以用户可以接受的水平为基准,根据市场变化情况,灵活反应,做出客观的决策。

在财经界,刘强东可谓2017年的第一网红,短短20天的时间里,他先后与苏宁、阿里掐架,还炮轰快递业。六年前,京东和苏宁在"8.15电商大战"上斗得你死我活,逼得苏宁董事长张近东立下"赌约":"京东增速如果比苏宁易购快,我就把苏宁送给刘强东。"苏宁的底气源自其多年积累的供应链优势。

持续性的价格优势取决于采购规模、供应链效率、运营成本、资金实力。这恰恰是彼时京东的软肋,苏宁的盔甲。对苏宁来说,只是赚多赚少的问题。苏宁大家电毛利率在21%~25%,运营成本在10%~11%。这就意味着,苏宁仍有10个百分点的降价空间,根本谈不上亏损。换句话说,苏宁在保持合理利润的情况下,仍然可以确保绝对价格优势。因此,苏宁内部针对京东的公开叫板,显得相当不屑。"我们是大人,京东还是小孩子,大人打小孩,不是一个量级的。"张近东曾对苏宁高管说。

以"价"取胜的丰田

在市场竞争中,价格竞争是最常用的策略,一方面,利用好了能赢得市场竞争的胜利;另一方面,容易陷入恶性竞争,造成竞争双方两败俱伤。例如美国曾有一种名为"雨戈"的汽车就因低价竞争失败,造成损失。相反,丰田公司则成功地利用了低价策略,获得了市场竞争的胜利。因为丰田的低价策略,不仅是单纯降低成本,还在质量上严格把关,所以才能在竞争中取胜。丰田汽车如图6-19所示。

图6-19 丰田汽车

由于美日贸易逆差,日本汽车逐渐失去了竞争优势,美国汽车的市场占有率上升。为了取得优势地位,丰田开始着力于技术改造来降低汽车的制造成本。但是丰田的低价决不等于低质,所以丰田汽车的口号是:开发与奔驰质量相同的新型汽车,但有更优越的价值。让购买者认为自己做出了明智的选择,而不是为了显示地位而花费大量的金钱。

三、渠道策略

分销渠道是指某种货物和劳务从生产者向消费者移动时，取得货物和劳务的所有权或者帮助其转移所有权的企业和个人，主要包括代理商、批发商、零售商及处于渠道起点和终点的生产者和消费者。

企业在使用分销渠道策略时，主要考虑以下因素。

（1）市场因素，包括购买批量的大小、消费者的分布情况、顾客的数量以及消费者的购买习惯。

（2）产品因素，包括产品的价格、包装、质量、形状、重量、技术性能、市场生命周期等。

（3）生产企业本身的因素，包括企业的销售能力、资金实力、能提供的服务水平以及发货数量的限制。

这些因素都会影响产品的分销方式，即直接销售还是间接销售。另外，企业现行的营销政策和以往的渠道经验也会影响分销渠道的设计。所以，分销渠道的确定需要综合考虑多方面因素，而不只是取决于单一因素。

中域电讯的渠道创新

中域电讯创立于1994年，是一家专门销售通讯产品的企业。该企业借助连锁经营模式，发展迅猛，其连锁店遍布全国各地并占据市场龙头地位。

截至2004年，中域在全国的连锁店有一千余家，尚待开业的还有两千多家。2003年，中域仅手机的销量就达到两百多万。之所以能够在短短十年内达到如此大的规模，主要是因为中域电讯的销售渠道与传统手机代理的分销渠道不同，中域电讯选择的是独立、专业的公共渠道，而以往的代理商通常依附其他中间商，局限于一个或几个厂家。生产手机的厂家如果自建渠道的话，成本高，所以不可能全面覆盖市场。而中域电讯运用规模效益，改变了传统的代理模式，首创手机市场独立的公共渠道，与众多手机厂家形成终端合作，直接帮助生产厂家进行销售。中域电讯的店铺和广告如图6-20、图6-21所示。

图6-20 中域电讯在东莞厚街的店铺

图6-21 中域电讯广告

随着中域电讯零售终端数量的不断增加,剔除渠道的中间环节成了其首要任务。历史上,有摩托罗拉、迪比特、康佳、东信、南方高科、西门子、首信、联想等10家手机厂商与中域签订过直供协议。

四、促销策略

促销策略是指企业通过人员推销、广告、公共关系和营销推广等各种促销手段,向消费者传递产品信息,引起他们的注意和兴趣,激发他们的购买欲望和购买行为,以达到扩大销售的目的。

企业将合适的产品,在适当地点,以适当价格出售的信息传递到目标市场,一般是通过两种方式:一是人员推销,即推销员和顾客面对面地交流;另一种是非人员推销,即通过大众传播媒介在同一时间向大量消费者传递信息,主要包括广告、公共关系和营销推广等多种方式。这两种推销方式各有其优点和缺点,企业可以根据需求搭配使用,使其相互补充。

此外,赠品、展销、店标、陈列、示范等也隶属促销策略的范畴。企业如果能打造出一个好的促销策略,往往能给企业带来多方面的收益,如激发消费者的购买欲望,扩大产品需求;提供市场信息,及时引导采购;凸显产品的特点,树立产品形象,巩固市场地位等。

美国波音公司可谓是最有财力的大企业之一,它不仅以质量优良的飞机赢得了各国用户的欢迎,而且它周到的服务也博得了人们交口称赞。

1978年,意大利航空公司DCX型客机在地中海坠毁,航空公司急需一架替代的客机。意大利航空公司总裁向波音公司董事长威尔逊提出一个特殊的要求:"波音公司能否迅速送来一架波音727客机?"由于当时订购727型号的单子较多,如果按照正常程序的话至少要等两年,但波音公司考虑到其特殊情况,便在发货表上做了调整,并要求公司提高生产效率。

通过调整,意大利航空公司在一个月内就得到了波音727客机,解了燃眉之急。意航为表达对波音公司的感谢,决定取消购买道格拉斯公司DC-O飞机的计划,转向购买波音公司的超大型客机——波音747。由此可见,周到的服务也是企业扩大销售和赢得客户的一个重要通道。

中南商业大楼促销

1990年,中南商业大楼(见图6-22)为扩大销售,开展了"月月乐"购物促销活动,即每个月都有一个主题促销活动。具体活动内容有:5月份,针对纺织商品开展"朦胧美、古典美、现代美"夏季纺织新面料展销活动。6月份,以"六一"儿童节为契机,举办"欢乐童年在中南"大型购物活动。推出十大儿童系列用品,结合游戏机大奖赛、幸运大抽奖、夏令营、有奖征文、宝宝美食节等活动,对最终优胜者给予奖励。7月份,举办"家电商品知多少大汇展",结合知识竞猜、猜谜语等活动进行趣味销售,给成绩优秀者赠送礼品。

中南商业大楼利用购物活动抓住了促销时机。当记者采访总经理为何总能创新时,总经理笑着答道:"商业大楼要实现进一步扩大销售的目标,就需要依据顾客需求,采取灵活多变的促销方式,来赢得更多的消费者。"

图 6-22 中南商业大楼

精准市场定位,构建自己的营销模式

市场定位,即目标市场的选择,是企业决定具体的服务对象和服务内容的方法。市场定位的最终目的就是使企业产品立区别于竞争者产品的、符合消费者需要的个性形象。

如果企业的产品形象在用户心中占据了一个有利的位置,每当用户有相关需求的时候,就可以马上想到本企业的产品,从而做出购买决策。因此,精准的市场定位是企业进行市场营销工作的第一步,是企业取得成功的关键,更关系着企业的长远发展,关系着企业的生死存亡。

一、传统市场定位的缺陷

伴随着经济全球化趋势的增强和科学技术的进步,现如今,"大数据"已成为新时代的主题词,因其为企业提供了更多可能而备受关注,全面影响了市场定位的方向。在这样的背景下,随着顾客个性消费意识的崛起,传统的市场营销方式已经不能完全适用于现阶段企业的发展。传统的市场定位已无法适应当今社会的迅猛发展,这给企业带来了极大的困扰。

第一,市场定位缺乏特色,出现定位趋同和定位模糊的问题。企业缺乏对消费者心理的真正了解,没有把握好顾客的真正需求,无法使自己的产品在消费者心目中占据一个有利的位置。更有甚者,有的企业在市场定位时就选择与竞争者相同或类似的定位,他们没有认识到,定位的目的就是要打造个性突出、特色鲜明的产品,再利用企业的核心竞争力,生产出在质量或设计方面更具竞争力的产品。此外,企业在开展业务时,也没有明确自身的品牌形象,没有确定自己的目标市场,没有识别企业的目标客户,只是广撒渔网,而没有侧重点,最后反而丧失自己原有的市场份额。

第二,缺乏市场沟通,沟通思维单向、单一。企业应该通过调研,先了解顾客接收信息的方式,进而选取相应的沟通方式,再以适当、便捷的形式向顾客传递产品的形象,用简单有效的方法,使得顾客对产品和企业有准确理解。

第三,缺乏对竞争者的研究。许多企业在选择产品市场时,往往没有对竞争者进行透彻的研究，更没有根据竞争者的策略来灵活制定本公司的定位策略，最后被市场抛弃。

第四，市场定位不够精准，不够恰当，产品不符合定位的形象。比如定位过低或过高，定位过低会减损产品品牌形象，定位过高则会使消费者产生欺骗感，丧失顾客，定位混淆会使消费者不知所措，对产品形象认识不统一。企业对产品的错误定位，盲目运用新技术，会导致产品性能过度，超出消费者的使用能力。过度的品牌衍生，也会造成消费者对品牌认知混淆，使产品失去个性，缺乏品牌内涵。

二、大数据时代市场定位的机遇和挑战

随着顾客个性消费意识的崛起，企业要时刻洞悉消费者差异化的需要，坚持用户第一的观点，生产出满足个性化需求的产品。大数据时代的到来，企业可以通过应用信息技术了解用户的消费心理以及消费喜好，让企业从用户的视角分析产品的市场定位，从而实现市场定位的精准化，提升市场营销方案的有效性。

同时，企业还能够利用大数据技术，与客户进行准确、良好的沟通，以便在较短的时间内了解到用户的真实想法，为用户提供更好的服务，达到成功营销的目的。另外，大数据技术的发展也为企业开展市场定位精准化活动提供了支持。

但事物都具有两面性，企业在大数据时代迎来发展机遇的同时也面临着挑战。其中，信息安全问题是企业发展最需要关注的问题。由于企业获取用户信息的方式越来越便捷，使得部分企业利用大数据技术盲目推送产品信息，以期能起到良好的宣传效果。但是站在消费者的角度，如果在日常生活中长期受到陌生电话或营销电话的骚扰，只会产生厌烦心理。这样的宣传会对企业起到负面作用，给企业的发展带来消极的影响。

三、企业如何在大数据时代构建自己的营销模式

大数据时代是一个机遇与挑战并存的时代，一个企业要如何在大数据时代精准市场定位并构建自己的营销模式呢？

首先，企业要开启CEC时代，满足消费者的个体需求。大数据时代赋予消费者前所未有的主导商业的力量。在进行消费时，一部分客户会主动收集信息、挑选信息、比价、筛选，我们称这些客户为"CEC"。同时，由于90后和00后的成长，使得现在的消费者具有独特的消费倾向，他们只忠于自己给自己的定位，但并不忠于哪个品牌。在销售环节上，如果企业的品牌不能最大化地满足客户的个性化需求，实现客户价值，那么消费者就会从销售的任意一个环节脱离。因此，大数据时代企业必须针对客户的个性化的需求开展营销。

其次，企业要定制全渠道接触。移动互联网和社交媒体时代给企业带来的另一个挑战是客户的接触点太多而引发的渠道冲突。对于很多消费者来说，他们会自由地在线上、线下、虚拟、实体之间切换，因此，完成整个购买过程可能要经过若干个环节，而在这些环节中，如有价格、体验或服务不到位的，消费者就会从渠道或品牌跳脱。对于企业来说，需要解决的问题主要集中在四个方面：构建线上渠道和传统渠道体系；解决多渠道模式与传统供应链的矛盾；了解电子商务的真正价值；产品设计部门和一线部门的整合。

再次，商品要有个性化的定价。一个企业最核心的战略就是产品的定价，没有统一的定价是企业定价的最终目标。大数据时代使得商品的购买渠道多样化、物流运输可视化，这为个性化定价提供了可能。

最后，品牌要表里如一。品牌浓缩了企业的形象元素，企业借助品牌把自己展示给消费者。传统的品牌营销只关注企业形象，但在大数据时代几乎所有信息都是透明的。比如，以前顾客

若有不好的客户体验,或许只能自认倒霉,但现在只要发条微博,便可以在短时间内让全球的人都知晓某个公司、某个商品、某项服务的承诺没有兑现。与此同时,企业的品牌也并非建立在公关新闻稿或与媒体的关系上。其实,员工对公司文化的认同度均可借助自媒体传播开来,这意味着公司的每一个员工都是公司的公关,都会影响品牌的塑造,而构建品牌也已成为每个员工的权利。倘若企业还只是关注表面形象,可能就会导致自己不停地忙于危机处理。大数据时代对市场营销是一把双刃剑,品牌文化的表里如一是应对复杂世界的简单之道。

总的来说,21世纪的到来,带来了新经济时代,也带来了信息技术的巨大发展。因此,企业要想获得营销的成功,就必须要做好精准的市场定位,必须要高度重视知识、信息的积累和更新,还要充分地捕捉和利用市场的各类信息,整合各类资源,只有这样,企业的营销模式才能上升到更加注重用户需求的阶段。

我的目标和行动

第七章
创业，从纸上谈兵开始

CHUANGXIN
CHUANGYE
QIMENG

中国青年创新创业大赛电影上映,挥洒激情创青春

扫二维码看视频:中国青年创新创业大赛的首部电影作品《达拉的青春》预告片。

为贯彻落实习近平总书记系列重要讲话和党的十八届三中全会精神,在全社会营造理解、重视、支持青年创业的良好氛围中,自2014年起开始举办旨在发掘青年创业事迹、激励青年创新精神的中国青年创新创业大赛。秉承着创新引领未来,创业改变生活,奋斗成就梦想的大赛主题,"双创"大赛已走过三个春秋。随着赛事的传播度越来越广,参赛选手的数量也在增长,为激发社会关心青年创业的热情,引导更多有想法的年轻人参与创业创新,中国青年创新创业大赛推出首部青年创业电影——《达拉的青春》,电影海报如图7-1、图7-2所示。

图7-1 《达拉的青春》电影海报(一)

图7-2 《达拉的青春》电影海报(二)

作为一部以"双创"精神为内核的青年创业引导性影片,《达拉的青春》以主人公和萍研究生毕业后白手起家的创业经历为主线,用真实感人的青年创业经历鼓励同样有着创业梦的当代青年们,是一本生动的青年创业指南。主人公毕业之后放弃城市高薪回到边疆故乡的创业选择也为当下面临毕业的学生们提供了另一种思考方式。

第七章 创业,从纸上谈兵开始

教学评价

本章根据对知识的掌握程度、运用知识解决问题的能力和拓展创新的能力进行考核和评价,采用自我评价、小组评价和教师评价相结合的评价方法,根据知识结构和内容,以及完成主体的不同,分 5 类共 8 个评价项目分别对个人和小组进行考核评价,考核评价表如表 7-1 所示。

表 7-1 考核评价表

评价项目	评价内容	分 值	自我评价	小组评价	教师评价
创业计划书认知	对计划书意义的理解	10			
	对计划书功能的认识	10			
	计划书基本格式的熟悉程度	10			
创业计划书分析与评价	懂得区分计划书的好坏	20			
撰写创业计划书准备	制作清晰的创业计划书撰写计划	10			
	学会团队协作分工	10			
创业计划书写作	创业计划书协作流畅度	20			
	对创业计划书的总体把握	10			
总 评					
个人学习总结					
教师总评					

学员签字: 　　　　　　　　　　　　　　教师签字:

第一节　了解创业计划书

爱尚鲜花

上海爱尚鲜花股份有限公司成立于2008年,公司旗下包括O2O、B2C业务板块。在线下整合了全国12000多家合作及加盟店,业务覆盖全国600多个城市。在上游通过收购、参股和战略合作等方式,整合国内鲜花种植基地10000多亩,并获得厄瓜多尔皇家玫瑰、荷兰七彩玫瑰等品种的进口代理权。公司目前正在全国100多个大中城市建立鲜花工厂和冷库分仓,进一步掌控整个鲜花供应链。

上海爱尚鲜花股份有限公司旗下包括台州米兰电商公司、苏州礼尚花卉公司、上海北宁软件公司、昆明鲜花基地、凌源鲜花基地、上海鲜花工厂、北京及广州分仓等多家子公司,并拥有爱尚、爱唯一、礼之尚、那时花开、爱上爱等5大互联网鲜花品牌,销售规模连续5年蝉联鲜花行业第一,并囊括互联网鲜花品牌前3名。公司旗下的主品牌"爱尚鲜花"已成为业内知名度最高的品牌。

爱尚鲜花创业计划书如图7-3至图7-6所示。

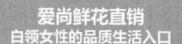

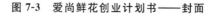

图7-3　爱尚鲜花创业计划书——封面

八年专注于鲜花行业，开拓礼品鲜花和生活鲜花市场

- 生活鲜花：鲜花订阅，工厂生产，每月送四次，一周一花

- 礼品鲜花：15000家线下配送店，全国3小时极速送花上门

图 7-4 爱尚鲜花创业计划书——公司介绍

 八年深耕鲜花产业链，引领行业发展

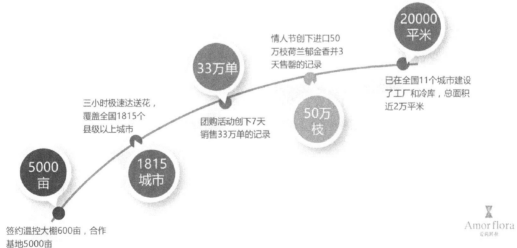

图 7-5 爱尚鲜花创业计划书——产业链

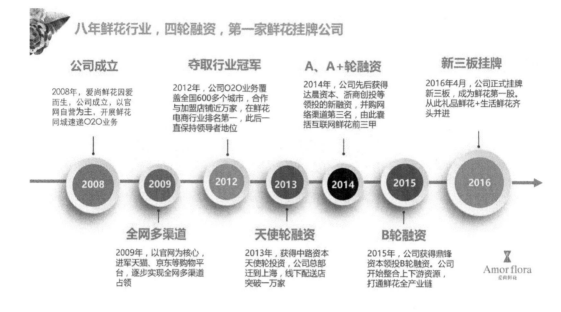

图 7-6　爱尚鲜花创业计划书——发展历程

以上创业计划书是整个方案的开头部分,计划书采用PPT形式,制作精良,色彩搭配得当,用简明扼要的文字阐述了创业公司的主要经营范围和理念,用清晰明了的图标展示了公司的发展历程。这是一份成熟且能引起投资人兴趣的优秀创业计划书。

关键词:精良、色彩、简明

一、创业计划书的意义与功能

(一) 创业计划书的意义

创业计划书是一份全方位的商业计划,其主要用途是递交给投资商,以便他们能对企业或项目做出评判,从而使企业获得融资。它用以描述与拟创办企业相关的内外部环境条件和要素特点,为业务的发展提供指示图和衡量业务进展情况的标准。通常创业计划是市场营销、财务、生产、人力资源等职能计划的综合。

明星级别的投资项目会让投资人趋之若鹜,不过这类项目毕竟凤毛麟角,所以对于大部分创业者而言,创业计划书的准备是必须得到重视的环节。一份好的创业计划书有助于吸引投资人的注意力,同时也让创业者更客观地去审视自己的项目。

"W&W 导游服务平台"创业计划书

"W&W 导游服务平台"创业计划书如图 7-7 所示。

图 7-7 "W&W 导游服务平台"创业计划书

创新创业启蒙

续图 7-7

第七章 创业，从纸上谈兵开始

续图 7-7

续图 7-7

第七章 创业,从纸上谈兵开始

续图 7-7

(案例来源:"首届福建省黄炎培职业教育奖创新创业大赛"金奖作品)

　　该创业计划书采用 PPT 演示文稿的形式,清晰地描述了产品背景、产品提供的服务,突出

体现了项目的创新点,通过详尽的市场调查与分析,重点描述了项目的可行性并且直观地展现了app的操作界面。这份计划书客观地阐述了项目所处的市场环境与自身的定位,商业模式清晰,得到了大赛评委以及风险投资人的认可。

(二)创业计划书的功能

好的创业计划书有以下三个重要功能。

1)创业计划书是企业融资的敲门砖

任何创业项目都需要资金作为基础,所以融资是创业者必须面对的挑战。要想打动投资人,并不是仅靠一份创业计划书就能办到的,但是一份精良的创业计划书却能帮你开启大门,进门去接受更大的挑战。写好一份商业计划书不仅是对投资人的尊重,也是整个创业团队的自我肯定。

2)创业计划书是交流的润滑剂

创业计划书让你更容易与人交流你的项目。团队成员可以利用创业计划书把商业构思讲给客户听,讲给投资人听,讲给供应商听,甚至讲给身边的亲朋好友听,让大家更好地理解这个项目,了解你们的团队。一份好的创业计划书就像是一封动人的情书,只有增进交流,打动投资人、客户和供应商,才有可能继续完成你的梦想。

3)创业计划书是项目的磨刀石

创业不是游戏,而是真刀真枪的有关生存的战争,创业者应该对目前的市场情况做出详细的战略分析,对自己掌握的资源有正确的认识并且对面临的竞争有充分的准备,然后打磨成一份思路清晰的创业计划书,再逐条推敲其可行性,这样整个创业团队就会对自身的项目有更加深刻和清晰的认知。

好的创业计划书可以让你找到精确的市场定位,明确自身产品或者服务的逻辑可行性,使团队的组建更加合理,资金使用和发展规划更加合理;让你和你的团队在满腔热血的创业激情中进行理性的思考,迫使你把思路落实在白纸黑字上,反思创业计划的可行性,大大降低冲动行为带来的负面影响。

案例2

"西柚公交小站"创业计划书

一、执行概要

1. 项目背景与由来

城市公共交通最早出现于英国,1829年英国伦敦出现了第一辆公共马车,至今已有160多年的历史,其间经历了发展、兴旺、衰退和目前的复兴阶段。伴随着中国城市的高速发展,私家车发展过量,公共交通萎缩,使得城市交通拥挤,道路交通事故增多,城市空气、噪声等污染日趋严重,城市交通陷入了混乱的状态。因此,日益恶化的城市交通迫使我们不得不重视城市公共交通的发展。然而,在公共交通快速发展的同时,许多城市的候车站点的建设却远远没有跟上发展的步伐,出现了以下问题。

(1)公交站设计过于简单,无法遮风避雨,抵御严寒酷暑;

(2)来往车辆疾驰时会将污水溅到等车的乘客身上,并且乘客无法及时买到雨具;

(3) 公交车站卫生差且座位少,导致了候车的市民无位可坐,有位难坐;
(4) 怕错过要搭乘的公交车,无法自由地购买饮品或者食品;
(5) 公交站内无法方便地给电子设备充电;
(6) 急需办公时,没有合适的场地、电子设备与网络;
(7) 携带的物品太多,造成乘车不便;
(8) 公交车站无法提供班车实时位置与路况。

针对以上问题,结合自己的生活体验,我们发起"西柚公交小站"创业项目,以提高人们的生活质量为目标。也许公交车站只是我们生活中的一小部分,但我们相信优质的服务不仅能提升城市生活的品质,也能温暖到每一个人,包括我们自己。

2. 项目内容

"西柚小站"项目的主旨是建造出区别于传统的公交车站,以厦门地区公交车站为初期目标市场,服务对象为全体市民,将公交车站与休息室相结合,内置多项服务功能,为消费者提供个性化服务,将服务普及到广大人群中,随时随地实现方便快捷、高质价优的个性化服务,开创公交车领域的新纪元。

3. 项目创新点

(1) 西柚小站改变了传统公交车站的运营模式,在其基础上进行改装,建造了全透明的采光极好的服务站,造型独特,服务升级。

(2) 西柚小站独特的"无人智能车站"的智能定位服务,采用先进的技术满足人们个性化的需求。

(3) 兼顾其他商业,结合迅速发展的共享电子商务模式,拓宽市场。

二、项目分析

1. 项目市场调查与结果

对于一个公司来说,正确的市场定位具有重大意义。为此我们制作了调查问卷对在校学生、小区居民和在公交站候车的市民进行调研分析。结果如下:

(1) 76.3%的受调查者一周超过3次乘坐公共汽车出行。
(2) 92.5%的受调查者表示对目前公交站点的候车环境不满意。
(3) 94.3%的受调查者希望公交站能提供更多的服务,提高候车体验。

调查结果显示,乘坐公交车是目前厦门市民的主要出行方式,但是市民的候车体验较差,不想在公交车站多停留,等车时间越长,体验越差。大部分市民希望公交站点得到改造,改善候车体验。

2. 目标市场分析

2004年,我国城市公共交通固定资产投资总额为395.58亿元,占同期道路运输业固定资产投资总额的8.96%。到2014年,我国城市公共交通固定资产投资总额增长至4778.05亿元,占同期道路运输业固定资产投资总额的19.445%。截至2015年10月,我国城市公共交通固定资产投资总额约为4465.42亿元,占同期道路运输业固定资产投资总额的19.702%。

3. 项目优劣势分析

项目优势如下:

(1) 改变了传统公交车站"简陋"的现状。
(2) 实现高效的"一站式服务"。

(3) 具备方便快捷的智能服务。

项目劣势如下：

(1) 创业资金比较有限。

(2) 引流成本比较大。

(3) 初期服务站建造需资金投入。

(4) 创业风险较大。

4. 竞争对手分析

主要竞争行业：有轨电车、地铁。

竞争优势：首先，公交车一直都是大部分人们出行选择的主要交通工具。与有轨电车相比，虽然速度慢了些，但覆盖范围广且站点更多，几乎遍及大街小巷。而且，我们在站台外停放共享单车，可以为刚下车的人们解决"最后一公里"出行问题。与地铁相比，地铁站点少，人们相对更加依赖公交车，它的价格与地铁相比也较为便宜。所以，我们对优化公交车站这个项目有信心，我们的客流量不论在未来还是现在都很可观。

三、项目设计

项目总体说明：城市公交站点作为公共服务设施，具备经济效益与社会服务两大功能，我们在保证其社会服务功能的同时，引入当前与未来的主流商业模式以提高站点的服务升级功能，同时提高本企业的经济效益，另外积极响应节能环保的政策，提高公交站点的环境效益，减少排放。总体设计效果图如图7-8至图7-12所示。

图7-8　正面图

1. 项目方案设计（商业模式）

(1) 收取广告费用：在公交小站外围和内部安装LED大屏幕，向客户提供优质的广告位。

(2) 出租店面位置：公交站内除了座位以及走道，其余位置都可以出租。

(3) 与其他公司合作，投入共享商品（见图7-13、图7-14）。

(4) 无人迷你超市（见图7-15）：引入当前市面上最流行的无人超市，按照公交站大小量身

图 7-9　斜左侧图

图 7-10　斜右侧图

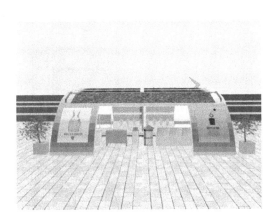

图 7-11　背面图

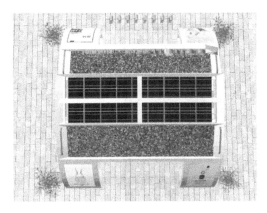

图 7-12　俯视图（环保、太阳能顶）

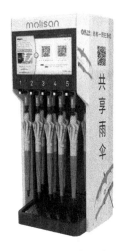

图 7-13　共享雨伞

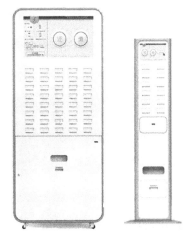

图 7-14　共享充电宝

定做迷你版本无人超市,满足候车人群的基本购物需求,如饮料、矿泉水等。

(5) 引入娱乐设施(见图 7-16、图 7-17):充分利用市民候车的碎片化时间,调节大家候车时焦虑的心情。

图 7-15　无人超市

图 7-16　迷你 KTV

图 7-17　夹娃娃机

（6）公交小站内贴心设备如图 7-18 至图 7-21 所示。

图 7-18　中央空调

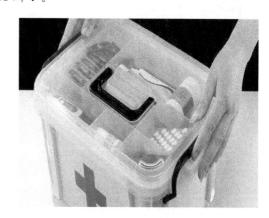

图 7-19　急救药箱

2. 西柚小站的运行与维护

我们会定时更新我们的产品,以天为单位对无人超市、共享设备、娱乐设施内的产品进行更

第七章　创业，从纸上谈兵开始

图 7-20　候车凳

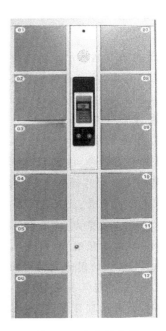

图 7-21　免费储物柜

新。同时及时对新推出的产品进行宣传，在 app、微信公众号等平台上进行有关内容的推送。内容可以是关于我们设施的一些趣味性知识，以此加强粉丝对我们公众号的黏度。周而复始就扩大了我们的市场，增加了客流量，提高了营业额。同时，我们会与专业的维修公司合作，定期对我们的小站进行全方位检修，确保设施的安全，给客人带来安心感，最终在市场站稳脚跟。

3. 项目营销推广

1）名称与标志（logo）设计

西柚小站的名称来源于英文"see you"，包含双重含义——看见你＋再见，这与公交站的功能非常吻合，包含找到车站时的亲切感和道别回家时的温馨感。利用英文读音的中文谐音，以"西柚"作为中文名称，意图改变以往公交站冰冷、嘈杂的形象。

西柚小站的 logo 主体（见图 7-22）是以英文"see you"变形之后的形式展现，将 S 设计为一个闪电，充分展现了西柚小站是人们的充电站的服务理念，右边的 O 以小站名字——水果西柚代替，使 logo 更加形象化。

图 7-22　西柚小站的 logo

2）宣传语设计

西柚小站，你的充电站！——宣传语中的充电站一语双关，不仅表示站内提供免费的充电设备,又让市民感觉到西柚小站是大家候车时身体与心灵的充电站,让大家保持精力充沛!

3) 西柚小站推广方案设计

推广对象:厦门地区依靠公共交通出行的人群。

推广方式:主要分为线上推广和线下推广。线上推广主要包括论坛、微博和微信推广。

四、管理体系

1. 企业文化

(1) 公司使命:以顾客为核心,以服务为立足点,为顾客提供人性化和专业化服务,提高乘客等待公交车时的舒适性与安全性。

(2) 公司愿景:立足厦门公共交通市场,完善企业制度与文化,拓展至全国公共交通市场。

(3) 核心竞争力:以无人智能公交站专利为基础,以创新高效的团队为后盾。

(4) 核心价值观:以服务社会为己任,以提高人民工作生活质量为目标,以绿色环保为方向,在发展企业的同时也大力回馈社会。

2. 企业目标及发展战略

(1) 公司初期目标是打开厦门市场,树立西柚小站的品牌文化和知名度,在市民中形成良好的口碑,成为厦门公共交通服务市场的龙头企业。继而进军全省、全国,扩大市场范围,提高市场占有率。

(2) 发展战略:遵照市场规律,遵循科学配置战略主次与战略步骤的原则,分前期、中期和长期三个阶段来达成公司的总体战略目标。

前期(第一年):项目"品牌化",市场"精品化"。前期公司的发展战略集中为树立"西柚小站"的品牌,获得市民的认可,占领市场一定的份额,提高市民对小站的忠诚度。

中期(第二年):项目拓展与改进——"多样化",市场"全省化"。

①加大市场投资力度,深度挖掘市场,扩大市场规模,深度挖掘潜在市场,进一步完善健全销售网络。

②巩固原有市场,开发新市场。逐步占领厦门市场,拓宽销售渠道和销售范围,不断提高技术水平,实现全部产品自行生产。

长期(第三年):项目整合升级——"模式化",市场"全国化"。随着厦门市场的开拓和稳定,我们的项目会逐渐向全国发展。

五、财务分析

1. 资金需求及运用

资金主要用于小站的建成以及建成所需的直接装修费、室内设施资金及各类期间费用等。具体明细如下:车站建设费(一层)150 000元;整体装修费用60 000元;中央空调16 500元;其他设备支出2000元;椅子2400元;LED屏幕7000元。共计237 900元。

2. 启动资金来源

公司拟采取股东入股与引入风投的方式募集资金,同时按照出资金额分配占股额度。

3. 财务风险

我们根据市场调研的结果,制定了相应的销售计划,但是其本身的风险是不可避免的。该财务分析是建立在公司持续盈利的基础上,而我们在经营策略中不能忽视公司发展的瓶颈期。因此,在制定既定营销计划的同时,我们也需要充分考虑公司可能遇到的各种风险,并制定相应的应对策略。公司的财务风险主要可分为经营活动引起的财务风险与投资活动引起的财务风险。

(案例来源:"首届福建省黄炎培职业教育奖创新创业大赛"优秀作品)

该创业计划书采用的是 word 文档格式,基本涵盖了创业计划书应该体现的内容,很好地体现了创业计划书的功能。创业团队在认真打磨自己项目的基础上,把这份计划书作为与人交流的载体,以表达自己的创新思维和创业点子,传递团队成员的创业激情与理想。

二、创业计划书的内容与格式

创业计划书的内容标准并没有严格的规定,但是创业最核心的要素是必须体现在计划书中的,所以其内容与格式需要包括该创业计划需明确的一系列问题。通常,创业计划书中应该包括创业概述、创业动机、资金来源、市场分析、阶段目标、风险评估、财务预估、行销策略、股东名册、员工人数等十个方面的具体内容,中等职业学校的同学可以根据自身实际情况选取其中的核心部分进行创业计划书的创作。创业计划书的基本格式如下。

(一)封面和目录

封面的设计要简洁明了,同时要提供你的联系信息,一个好的封面会让阅读者形成良好的第一印象。目录应该直观清晰,能让阅读者快速找到其关注的内容,不宜有太多的分级目录。

(二)摘要

摘要是创业计划书的精华部分,应该选取创业计划书的要点,让阅读者在最短的时间内对项目有总体了解,能快速评估项目以作出正确的判断。摘要要尽量做到简单扼要,用最短的文字说明创业项目的特点与诉求,摘要通常包括以下内容:

(1)公司介绍;
(2)市场分析;
(3)管理者和团队;
(4)主要产品和业务范围;
(5)营销策略;
(6)销售计划;
(7)生产管理计划;
(8)财务计划;
(9)资金需求。

红 象 旅 游

"红象旅游"创业计划书的封面和摘要如图 7-23、图 7-24 所示。

创新创业启蒙

图 7-23 红象旅游创业计划书——封面

图 7-24 红象旅游创业计划书——摘要

该创业计划书的封面用一句话概括了产品的性质,并且用拼接图片的方式体现了"旅游"这

一主题,第二部分的摘要用专业但易懂的词汇解释了公司的主营业务、愿景和使命,整个方案的开端简洁明了。

(三) 企业理念与目标介绍

企业理念与目标介绍并不是对公司的重复包装,而是旨在阐述公司的核心竞争力与价值观,因而简明扼要地说清楚公司的理念和公司的战略目标是重点。

(四) 产品介绍

产品介绍应包括以下主要内容:产品的概念与创意、产品的核心竞争力、产品的研究和开发过程、产品的市场前景预测、产品的成本与定价分析、产品的技术性竞争壁垒等。

陈述产品时不能太苛求细节,产品的具体功能与详细操作都不需要介绍,投资人更想了解的是产品是怎么解决用户需求的,是如何解决行业痛点的。介绍产品绍时文字要准确且通俗易懂,使非专业人士也能明白的项目才是好项目。

 案例4

辣 鱼 酷

"辣鱼酷"创业计划书的产品介绍、解决方案、产地介绍如图 7-25、图 7-26、图 7-27 所示。

图 7-25 辣鱼酷——产品介绍

图 7-26 辣鱼酷——解决方案

图 7-27 辣鱼酷——产地介绍

案例分析

该创业计划书的产品介绍清晰直观,产品以及门店形象能够让人马上看出企业的性质。紧接着的解决方案和产地介绍明确地指出企业的核心竞争力和理念,对产品有着较高的定位,图片清新自然,能让人对食品的质量放心。

(五)行业情况分析与市场预测

在行业分析时,我们应该客观地展现目前行业的竞争状况、未来的发展趋势以及竞争的激烈程度等,用正确的眼光看待自己所面临的竞争。行业分析应该解释清楚以下一系列问题:

(1)本项目在该行业是否能脱颖而出?
(2)该行业发展程度如何?目前的市场饱和度如何?
(3)该行业的发展趋势如何?是朝阳行业还是夕阳行业?
(4)经济发展是如何影响该行业的?
(5)政策的调整是否对该行业冲击很大?
(6)行业发展的核心因素是什么?
(7)行业的准入条件是什么?本项目如何才能进入该行业?

市场预测应包括以下内容:

(1)市场需求预测;
(2)目标客群预测;
(3)目标细分市场预测;
(4)主要竞争对手分析;
(5)本项目市场地位预测。

晨 星 互 动

晨星互动的创业计划书的行业分析如图7-28、图7-29、图7-30所示。

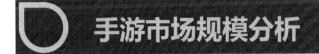

图 7-28 晨星互动——手游市场规模分析

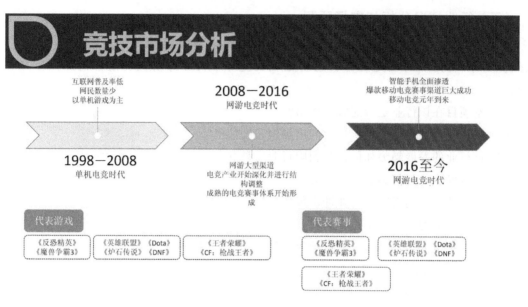

图 7-29　晨星互动——竞技市场分析

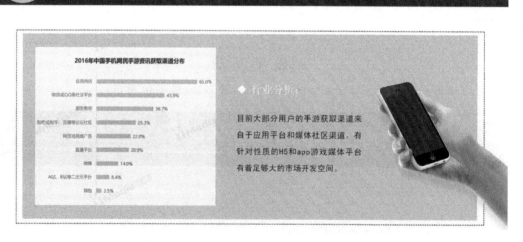

图 7-30　晨星互动——手游用户渠道分析

　　该案例的行业分析分为三部分：手游市场规模分析、竞技市场分析和手游用户渠道分析，针对网络游戏这一行业做了详细的预测，用客观数据对行业前景进行剖析，展现该行业美好的市场前景，真实而且有说服力。

（六）人员管理及组织架构

　　人员管理是创业项目中很重要的一个环节，其中包含人力资源管理、财务管理、技术管理、生产管理与市场营销管理等。创业项目的竞争实际上就是人与人之间的竞争,团队的搭建是否合理往往决定了一个企业的成败,所以项目要做好人员管理方面的计划,要遵循管理学的基本原则与方法来设置自己的组织架构。

在创业计划书中,应当主要介绍项目团队的主要成员在本项目中担任的职务及其主要的权利义务,成员的主要创业经历与身份背景。公司的组织架构主要应介绍以下几个项目:公司的组织机构图、各部门的功能与职责、公司的股东名单、各部门的负责人及成员、公司的薪酬结构等。

某知名服饰

某知名服饰创业计划书的团队简介如图 7-31、图 7-32 所示。

图 7-31　某知名服饰——团队简介

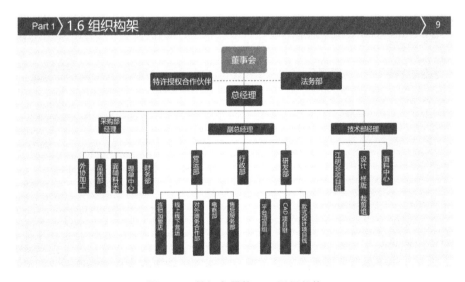

图 7-32　某知名服饰——组织架构

案例分析

该方案的团队介绍和组织架构体现了企业把传统裁缝手艺和西方现代化管理相结合的创新理念，结构清晰明了，体现出完善的企业管理与独有的企业文化。

（七）营销策略

在当今激烈的市场竞争中，营销是不可回避的课题，在残酷的竞争环境下——酒香还怕巷子深，所以在创业计划书中，应当体现项目独特的营销策略，具体应包括以下几个内容：

（1）营销团队和管理；

（2）营销渠道的选择；

（3）营销计划的制定；

（4）营销成本的估算。

（八）生产计划

创业项目的产品需要被真实地生产出来，如何保质保量地制造出市场需要的商品是非常关键的环节，所以创业计划书中的生产计划应包括以下内容：

（1）产品制造与技术设备现状；

（2）质量控制和质量改进计划；

（3）产品迭代计划与技术要求。

（九）财务规划

财务规划的重点是现金流量表与资产负债表。流动资金是企业生存的关键，所以初创企业针对流动资金的使用要事先制定详细的计划，把控使用过程，不要对利润率预测过高，企业初创时就能有高额回报是不切实际的，只有摒弃一夜暴富的心理，脚踏实地，才能使项目具备可靠性与真实性。

案例7

红象旅游

“红象旅游”创业计划书的财务预测如图 7-33 所示。

红象旅游 hongxiangly.com 未来5年财务预测

单位：万元

分类	2017年	2018年	2019年	2020年	2021年
人数	7.5	15	45	90	150
交易额	11250	22500	67500	135000	225000
总毛利	1537.5	3075	9225	18450	30750
总部毛利	787.5	1575	4725	9450	15750
省份数量	5	11	18	24	30
具体市场	河南、山东、北京、陕西、山西	增加湖北、湖南、安徽、江苏、浙江、上海	增加广东、福建、黑龙江、吉林、辽宁、河北、天津	增加甘肃、宁夏、青海、新疆、内蒙古、江西	增加重庆、四川、西藏、贵州、广西、云南

1、人均线路售价1500元/人，采购成本价600元/人，内部渠道加价100元/人。

2、人均总部毛利=（采购成本价+内部渠道加价）*0.15=（600+100）*0.15=105元/人

3、人均总毛利=人均总部毛利+内部渠道加价=105+100=205元/人

4、人均交易额=采购成本价+内部渠道加价+人均总部毛利+人均大交通费=600+100+105+人均大交通费=1500元/人

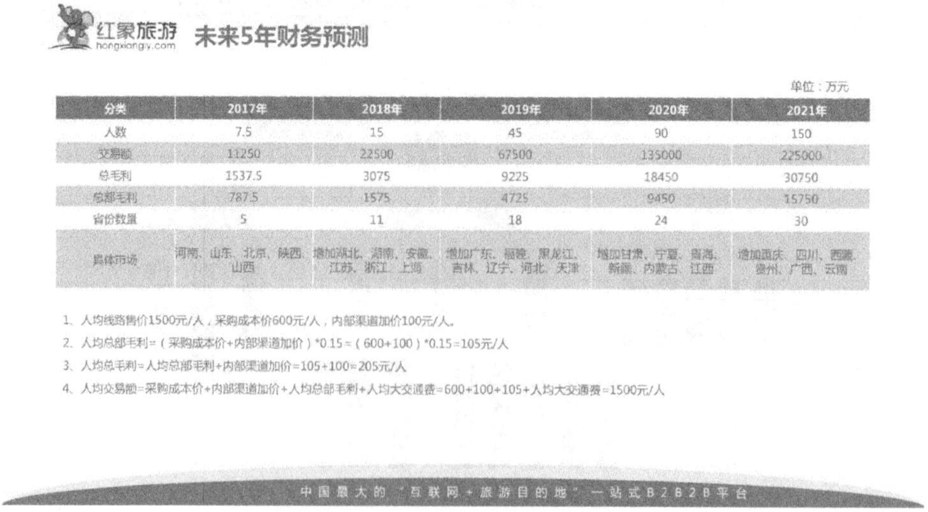

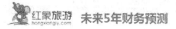

图 7-33　红象旅游——财务预测

该计划书的财务预测时长为五年,项目有步骤地进军全国市场,体现出企业明确的战略规划,毛利随着市场的扩大而稳步提升,使项目具有可信度。

(十)风险与风险管理

创业有巨大的风险,稍有差错便满盘皆输,所以风险的分析与管理至关重要。创业项目应当分析以下风险相关问题:

(1)该项目基本的竞争风险有哪些?
(2)该项目是否风险越大,收益越多?
(3)准备如何应对风险?

三、创业计划书的原则与提示

进行创业计划书的创作要注意以下几点原则。

1)原创性原则

创业计划书最重要的原则就是原创性,如果一个项目是抄袭别人的创意,那么这个项目就失去了创新的价值。

2)简洁性原则

能用简洁明了的语句解释清楚的问题,就不要长篇大论,尽量用几句话表达清楚自己项目的每个环节。

3)准确性原则

切忌为了提高项目的档次或融资成功率而弄虚作假,故意抬升项目的市场定位、目标客群量与核心竞争力等关键部分。我们面对的项目阅读者或者投资人大部分都审核过大量的创业项目,有着丰富的经验,所以我们要牢牢把握项目各个指标的准确性。

第二节 创业计划书编写宝典

Airbnb(爱彼迎)

Airbnb 是 AirBed and Breakfast 的缩写,中文名为爱彼迎。爱彼迎是一家联系旅游人士和家有空房出租的房主的服务型网站,它可以为用户提供多样的住宿信息。Airbnb 重塑了酒店行业,你可以从个人的手中租住一间房屋,而不是从一家酒店中租住。2011 年,Airbnb 服务令人难以置信地增长了 800%。

Airbnb 成立于 2008 年 8 月,总部设在美国加州旧金山市。Airbnb 是一个旅行房屋租赁社区,用户可通过网络或手机应用程序发布、搜索度假房屋租赁信息并完成在线预定程序。据官网显示以及媒体报道,其社区平台在 191 个国家、65,000 个城市为旅行者们提供数以百万计的独特入住选择,不管是公寓、别墅、城堡还是树屋。Airbnb 被时代周刊称为"住房中的

eBay"。

（案例来源：https://baike.baidu.com/item/Airbnb）

案例分析

  首先，Airbnb改变了人们的租住意识。人们大多不愿意让陌生人住进自己家里，安全问题、隐私问题，各种问题一直让房东们望而却步。对客人来讲也一样。本来一个人出去就不安全，还住在别人家里？房东有歹意怎么办？但世界上总有那么几个喜欢吃螃蟹的人，当大家都觉得这个螃蟹不但没毒，还挺好吃的时候，这事就越来越好办了。

  培养市场并不是容易的事情，而Airbnb能做到现在这样让大家放心也不是一蹴而就的。Airbnb的交易也曾出过大事。2011年7月，一位Airbnb的房东遭到洗劫，人们指责Airbnb一些政策的不完善，Airbnb遭遇了前所未有的信任危机。当然，最终Airbnb挺过了那次危机，经历了一次打击后，Airbnb更强健了。

  其次，Airbnb改变了它所在的行业。Airbnb红了之后，市场上出现不少Airbnb的山寨版，或者委婉点说，是效仿者。有的效仿者原封不动地抄袭了Airbnb，比如HouseTrip和Wimdu，以及国内的一些团队，他们利用Airbnb没有能力垄断全部市场这一机会迅速崛起。另有一部分效仿者找到了自身与Airbnb的差异点，并加以利用，例如Luxury Retreats和Inspirato等定位于高端用户的网站。

  虽然Airbnb不是第一家做短租的团队，但他们成功地开拓了市场，培养了用户，让它的效仿者同行们在刚进入这一行业时就得到消费者和投资人的认可。这里不得不提到的是，虽然Homeaway也在做短租市场，并且已经成功上市，但他们的房源来自中介和房地产公司，与Airbnb从个人房东手里租房的性质是不一样的。Airbnb和它的竞争者们正走在颠覆酒店行业的路上，让出游的人们从此多了一个不错的选择。当然，Airbnb等团队所拿到的市场份额也只不过占全球酒店市场份额的一小部分，这可能也是这类服务的潜力所在吧。

  最后，Airbnb模式还可以应用到其他行业。如果把Airbnb的概念抽象一下的话，那它的逻辑应该是：有空闲的资源就可以出租，提高闲置资源利用率从而获得最大收益。这个逻辑同样可以应用到其他领域上，很多创业公司就依照这样的逻辑打造出自己的产品，并且不少项目还获得了投资。比较典型的是邀请别人到自己家里进餐的餐饮服务。

  创业计划书编写宝典如下。

  1）要快速简洁地展示项目

  如果一个项目没有在3~5分钟内引起阅读者的兴趣，那么这个项目将很难得到认可与融资，投资人面对堆积如山的项目计划书，只有快速简洁地展示才能让项目脱颖而出。

  2）切忌呆板或者绕弯

  有吸引力的创业计划书应该有充足的图表、数字、图片或者视频，而不只是长篇大论的文字内容，让人读起来枯燥无味；也不能把阅读者当成忽悠的对象，在一个话题上绕弯。因为项目最重要的阅读者是投资人，如今的投资人可谓是阅项目无数，经验丰富，所以不能简洁明了地陈述就等于错过了融资的机会。

3）不能过于夸张

很多创业者满怀激情,创业计划书里面动不动就是"我们要成为某个市场的领导者""我们要打造中国最大的某某平台"或者"我们将在三年内占领大部分市场份额"等字眼,但如何操作才是项目的重点,而不是一味地喊口号。

4）不能只谈创意而忽略做法

大家想看到的不只是你和你的团队的创意,因为天马行空很多人都会,而且说不定比你更早想到类似的点子。重点不是创意出现的早晚,而是面对同样的创意,你是如何开创性地去规划、去实现,让情怀落地。

5）不能只谈钱

创业不能没有钱,但是有时候钱也不是万能的。如果全部的问题都在于缺钱,那么给你足够的资金,你能保证再创造出一个阿里巴巴或者腾讯吗?

6）切忌说自己没有对手

有些创业者认为自己的项目完全是原创,而且经调查没有类似的项目,所以就认为自己前无古人后无来者。但是请记住,看不到并不代表不存在,"天外有天,人外有人"的古训是前人经典的总结,记住这点绝对没错。

7）不能滥用情怀

很多创业者在创业伊始激情澎湃,带着自己满腔的情怀,梦想着改变社会甚至改变整个世界,但是商业竞争是很残酷的,一味地强调情怀不如脚踏实地做好市场调研和产品的规划。

创新创业大赛参赛技巧

一、了解赛事

目前我国面向职业学校的创新创业大赛主要有三类:各地市教育系统主办的职业学校创新创业大赛、共青团中央主办的"挑战杯——彩虹人生"全国职业学校创新创效创业大赛和中华职业教育社主办的中华职业教育创新创业大赛,同学们可以登录相关的官方网站查询大赛的有关情况,根据要求做相关准备。

（一）"挑战杯——彩虹人生"全国职业学校创新创效创业大赛

"挑战杯——彩虹人生"全国职业学校创新创效创业大赛是由共青团中央、教育部、人力资源和社会保障部、中国科协、全国学联主办的一项具有导向性、示范性和群众性的创业竞赛活动,每两年举办一届,分为全国和省级两级赛事。全国赛事采取各省轮流承办模式。

大赛的宗旨:倡树职业精神、培养创新意识、提升创效能力、造就创业人才。

大赛的目的:引导和激励职业学校学生弘扬时代精神,将所学知识和技能与经济社会发展紧密结合,增强学生社会责任感、创新精神和实践能力;促进职业学校创新创效、就业创业教育实践活动的蓬勃开展,为学校、企业、社会协同进行人才培养、项目孵化、资源整合等搭建平台;发掘和培养一批创新创效创业高素质技能人才,为实现"两个一百年"奋斗目标和中华民族伟大复兴的中国梦提供坚实人才保障。

大赛设中职组和高职组两个参赛组别。各参赛组别均设置创意设计竞赛、生产工艺革新与工作流程优化竞赛两类竞赛项目。

（二）中华职业教育创新创业大赛

中华职业教育社举办的"中华职业教育创新创业大赛"面向全国职业教育领域开展创新创业赛事活动，是落实创新驱动发展战略的生动实践。大赛是"黄炎培职业教育奖"在职业教育创新创业领域奖励先进、鼓励典型的选拔平台，是我国目前面向职业院校广大学生开辟的唯一的专有赛道。

二、组建团队

参加创业大赛团队的成员要有激情、有特长、有团队协作能力和良好的沟通能力，团队成员要包含以下岗位的人员：

策划人员：创业计划书编写与策划；

技术人员：产品核心技术的运用；

电脑制作人员：PPT、图片和微信等多媒体材料制作；

财务人员：懂得做财务报表和算账；

商务人员：熟悉产品包装与营销。

创业大赛团队的组建至关重要，团队成员的选择可以参照以下几个标准：

1）有创业和参赛的激情

只有一个由充满激情的成员所组成的团队才能在创业大赛中取得好成绩。

2）有个人特长

创业大赛是真实创业的"彩排"，团队成员必须充分发挥自己的特长和优点，才能保证创业项目取得好成绩。

3）有较强的责任心

创业大赛的参与需要各个环节的紧密配合，负责各个部分的成员如果缺乏责任心，则会让比赛的筹备陷入僵局。

4）有团队协作精神

比赛的过程比较漫长，这期间难免由于理念不同而出现分歧，如果因为意见不合引起团队协作方面的问题，比赛就很难出彩。如果是大学生创业赛的话，强烈建议找自己朋友圈里的人一同参加，而不是为了比赛才加入自己朋友圈里的人。

三、赛前准备

团队组建好之后，就要开始做赛前的准备工作，主要包括撰写创业计划书、制作项目产品、编写路演稿、编写路演PPT、录制比赛相关视频与模拟路演。

四、现场比赛

创业大赛项目的成功在于让评委和听众有兴趣了解你的项目，所以关于PPT的设计，我们的建议是简洁大方，文字不要过多。关于现场答辩，首先，一定要尊重评委老师，听清老师的提问并礼貌地回答；其次，评委老师都是各行业的专家，要以学习的心态去应答，尽自己所能去解答评委的疑惑，不能夸大或扭曲事实，遇到不会的问题可以直接告知老师，这个问题我们团队暂时还没有考虑到，我们会针对您的建议认真改进；最后，比赛的形象很重要，如没有特殊的外貌要求，建议大家着正装，女孩子可以化淡妆，男孩子打扮得干净利落，这才能给评委老师和观众们留下很好的第一印象。

第七章 创业，从纸上谈兵开始

▶ 我的目标和行动

第八章

实战,创办一家公司

CHUANGXIN
CHUANGYE
QIMENG

如何组建有效的创业团队?

扫二维码看视频:创业团队组建。

创业团队是决定创业是否成功的关键因素,对每一个创业者而言,拥有团队才能让自己的创业之路更顺利,团队成员也可以替自己分担很多的压力。世界上没有完美的个人,只有优秀的团队。身为一名创业者,与其跟马赛跑,不如找一匹马骑,团队成员就是所谓的"千里马",创业者只有组建出最合适的创业团队,才能"马上成功"。

本章根据对知识的掌握程度、运用知识解决问题的能力和拓展创新的能力进行考核和评价。采用自我评价、小组评价和教师评价相结合的评价方法,根据知识结构和内容,以及完成主体的不同,具体分10个评价项目分别对个人和小组进行考核评价,考核评价表如表8-1所示。

表8-1 考核评价表

评价项目	评价内容	分 值	自我评价	小组评价	教师评价
组建创业团队	组建有效团队的要素	10			
	组建团队的步骤	10			
打造产品和模式	打造自己的产品	10			
	打造商业模式	10			
公司注册与运营	注册一家公司	10			
	如何营运一家公司	10			
知识应用能力	利用创业比赛打造团队	10			
	利用创业比赛模拟公司运营	10			
创新拓展能力	创业沙盘模拟开办自己的公司	10			
职业素养	出勤、纪律、团队协作	10			
总 评					
个人学习总结					
教师总评					

学员签字: 　　　　　　　　　　　教师签字:

 自我评估

根据组建的创业团队的成员信息制作一份创业团队成员档案表。

创业团队成员档案表

创业团队的名称：　　　　　　　　　　　　创业项目名称或编号：
职位：(　)A 负责人　B 成员　　　　　　　填表时间：　　年　　月　　日

本人基本情况						
姓名		性别		出身年月		照片
民族		籍贯		学院		
专业		年级		学号		
电子邮箱		特长		联系方式		

导师介绍：(校内、校外)			
姓名	学院/单位	职称/职务	联系方式

社会关系：(直系亲属)				
姓名	关系	年龄	工作单位	联系方式

教育及培训经历：(大学填起)		
时间	毕业学校/培训机构	所学专业/培训项目

工作自述 (岗位、职责、 内容)	
所获荣誉	
备注	

第一节 组建创业团队

导入案例

破解俞敏洪组建核心创业团队之道

除了担任新东方董事长,俞敏洪的另一身份是洪泰基金创始人。新东方创业团队如图8-1所示。

图8-1 新东方创业团队

通过俞敏洪核心管理团队了解到,一个公司的成败及发展规模,创业者在这中间起着非常重要的作用,另外,核心成员对公司的发展也起着决定性的作用。

徐小平曾是俞敏洪在北大时的老师,王强、包凡一是俞敏洪北京大学西语系80级的同班同学,王强是班长,包凡一是睡在俞敏洪上铺的兄弟。这些人个个都是能人,俞敏洪在一次做嘉宾的时候曾坦承:论学问,王强出自书香门第,家里藏书超过5万册;论思想,包凡一擅长冷笑话;论特长,徐小平梦想用他沙哑的嗓音做校园民谣,他们都比我厉害。问题来了,俞敏洪这样一个在学校并不起眼的普通学生,又是怎么请到这些牛人的呢?答案从俞敏洪的以下发言中便能够看出来。

两个因素导致他们都回来了。第一,我在北大的时候,是北大最没出息的男生之一。我在北大四年,什么风头都没有出过,普通话不会说,考试也不好,还得了肺结核,有很多女生直到毕业还不知道我的名字。直到二十年以后的2000年,全班同学再聚会,班上的女生恍然发现,我是我们班男生中挺有才干的人之一,才过来握住我的手,后悔当初没下手。我去美国时中国还没有信用卡,带的是大把的美金现钞,规定只能带2000美金,我偷偷地带了8000美金,分别装在不同的口袋里。我在美国只能花现金,这就震撼了他们。在美国一百、一百美元的拿出来花,这是超级有钱的标志。大家觉得俞敏洪是我们班最没出息的,在美国却能花大把大把的钱,要我们回去还了得吗?因为他们都觉得自己比我厉害。

我用的第二个方法,就是告诉他们:"如果我回去,我绝对不雇佣大家,我也没有资格,因为你们在大学时有的是我的班长,有的是我的团支部书记,还有的睡在我上铺,也是我的领导。中国的教育市场很大,我们一人做一块,依托在新东方下,凡是你们做出来的那一块,我一分钱不要,你们全拿走。你们不需要办执照,启动资金我来提供,房子我来帮你们租,付完老师工资、房租以后剩下的钱,你们全拿走,我一分钱不要。"他们问:"你自己一年有多少总收入?""500万。"他们说:"如果你能做到500万,我们回去就能做到1000万。"我说:"你们肯定不止1000万,你们的才能是我的十倍以上。"我心里想,到底谁能赚1000万还不知道呢!就这样,我把他们忽悠回来,到2003年新东方股份结构改变之前,每个人都是骑着破自行车上班。

回来的第一年,每个人只拿到5万、10万,到2000年,每个人都有上百万、几百万的收入。大家干得很好、很开心。因为是朋友,大家没有过多犹豫就一起干了,要不然一上来就得确定好组织结构。但是在当时我根本不懂。我这个人最不愿意发生利益冲突,所以就有了"包产到户"的模式,朋友合伙,成本分摊,剩下的全是你的。

案例分析

俞敏洪能够请得到这些牛人,主要还是有两个因素。

(1)亲自去美国请王强。对于当时的美国来说,能随时掏出100美金使用已经属于超级有钱。从简单的一句话便能看出,俞敏洪确实已经是超级有钱了,而这一个超级有钱的家伙,曾经是吊车尾,所以大家内心都觉得不公,觉得如果自己真回去跟俞敏洪一起干的话,肯定要比俞敏洪厉害好几倍。

(2)采取"包产到户"的模式,朋友合伙,成本分摊,剩下的利润全归你。这一点真不是一般人能干得出来的。当时的俞敏洪年收入已经有100多万,那时的100多万可以说相当于现在的1000万以上。这样的收入在20世纪90年代是非常高的收入,已经是土豪中的土豪了。但俞敏洪并没有满足于现状,而是一心想把事业做得更大、更强。相信俞敏洪在去美国之前已经想好了未来公司的出路,从新东方的校训"追求卓越,挑战极限,从绝望中寻找希望,人生终将辉煌!"中就可以看出俞敏洪是一个极有想法,不满足于现状,把一件事做透的人。这是受到其母亲的影响,坚韧,永不放弃,这也正是俞敏洪被称作"激励大师"的原因。正是"包产到户"让俞敏洪身边的同学看到了希望,看到了未来,所以才愿意跟着他干。

大家心目中的俞敏洪是一位非常有包容心、大气、宽厚、注重情感的人,可以说是重情重义。试问一下,又有谁愿意请同学或朋友一起免费分享蛋糕呢,而且这块蛋糕随时有可能被人抢走。而俞敏洪便是有这样情怀的人。正是这样的情怀、这样的胸襟,才让新东方初期发展得特别快,同时在新东方后面的股权改革上起到了关键性作用。

俞敏洪选人的过程也非常有意思,我们看一下团队成员,虽然大家都是学英语,但是每个人的专长却完全不一样。

王强:俞敏洪大学时期的班长,是新东方的创始人之一,他和俞敏洪、徐小平被誉为"新东方的三驾马车"。王强先生于1996年10月在北京新东方学校开创了被称为"美语思维法"的美国口语培训。其深厚的教学功力和精深的英文造诣把口语培训推到了艺术的境界。2001年,由王强担任领衔主讲的"高级口译班"获得了学员的空前欢迎。

徐小平:俞敏洪的老师,曾任新东方教育科技集团董事、新东方文化发展研究院院长。是新东方留学、签证、出国咨询事业的创始人和独立董事,现任新东方文化发展研究院院长。

包凡一:北京新东方学校的创始人之一,把出国留学文书写得出神入化,在新东方这个需要好声音吸引学生的地方,他不动声色,创下了新东方历史上"曲高而和者众"的记录。从读书人到出书人,在两年时间内,他使新东方的图书出版额从2000多万元增长到了1个亿。

从俞敏洪的团队架构来看,这支团队非常厉害,既有老师,也有具出国留学背景,口音纯正的王强、包凡一,都是高智商人才。团队成员都毕业于知名院校,随便拉出一人都可以抗衡别的公司的一整支队伍。正是这样,才有助于新东方的快速发展。

关键词:激励、情感、团队

一、组建有效创业团队的关键点有哪些?

创业团队是决定创业是否成功的关键因素,那么创业者应如何组建创业团队呢?

1. 目标(purpose)

在自然界中有一种昆虫很喜欢吃三叶草,这种昆虫在吃食物的过程中都是成群结队的,第一个趴在第二个的身上,第二个趴在第三个的身上,由一只昆虫带队去寻找食物,这些昆虫连接起来就像是一节一节的火车车厢。科学家做了一个实验,把这些昆虫连在一起,组成一个圆圈,在圆圈中间放了它们喜欢吃的三叶草,结果它们爬得精疲力竭也吃不到这些草。

这说明在团队中大家需要有共同的目标,一旦失去目标后,团队成员就不知道何去何从,最后团队存在的价值也可能要打折扣。团队个人的目标必须跟组织的目标一致,最好是把大目标分成小目标,具体落实到各个团队成员身上,大家合力共同实现这个目标。

如果团队成员没有共同的目标,就不会走到一起,创业者自己要有清晰的目标和计划,知道该如何组建团队,团队中需要什么样的人才,以及他们如何共同工作,自己需要在哪方面努力等,并且,激励团队成员把个人的目标升华到群体的目标中去。

2. 人(people)

人是构成团队的核心力量,一般两个以上(包含两个)的人就可以组成团队。目标是通过人员具体实现的,所以人员的选择是组建团队的关键。分配具体工作时要让有丰富经验的成员去管理相关的部分,任何一个创业项目中,都需要具备不同技能的成员共同合作才能达到目标。比如开网店,团队刚成立的时候需要有人会设计,有人会销售,有人会管理,有人会做账等。这就说明,不管什么样的创业团队都需要拥有各种技能的成员。

对于每一位进入企业的成员,作为领导人都有义务让其迅速成长起来,成员的能力、收入停止不前,那就是企业领导人的"罪过"。培养成员的前提是创业者要看重选拔人才,"世有伯乐,然后有千里马",只有选对人了,之后的用心培育才可创造出理想的效益。很多企业之所以做得出色,是因为有着一群所向披靡的成员,是一支训练有素的团队。企业是讲效益的,一开始就选对人,再对其进行培养会比从零培训要省时、省钱、省力。

每个创业成功人士的背后总有一些关键因素,俞敏洪、马化腾、马云作为创业成功的人士,有着他们的过人之处。俞敏洪的三个合伙人,是从大学开始就在一起的好朋友。从大学到一起创业,再到一起成功,他们一直都在为共同的事业打拼,当有人问俞敏洪"找一个好的女朋友和找一个好的合伙人哪个更重要"时,俞敏洪觉得应该结合起来,一个好的女朋友就是最好的合伙人。

3. 定位(place)

团队在企业中处于什么位置,由谁选择和决定团队成员,团队采取什么样的奖惩机制等,这些都需要明确的团队定位;作为成员在团队中扮演什么角色,是定计划还是具体实施,这需要明确的个人定位。

4. 权限(power)

在组建创业团队时常常会忽视团队当中领军人物的权力大小以及成员的素质与能力。一般情况下,将出资最多或最早识别到商机的发起人确定为创业团队领军人物过于简单,会导致企业在成长过程中一旦遇到重大问题时,没有团队核心人物迅速作出决策,凝聚团队共识,并带领团队成员走出困境。

团队领军人物需要有胸怀和魅力,能将团队利益放在第一位,能与真正有贡献的人分享财富,信任并给予团队成员适当的权责;能够妥善处理各种权力和利益关系,了解团队成员的需求,识别并尊重团队成员之间的个体差异,制定合理的团队管理规则,使所有指标尽可能地量化。

5. 计划(plan)

计划有两个层面的含义。

(1)创业不能是纸上谈兵,针对团队决定的事情,需要一系列具体的行动方案。这里把计划理解成达成目标的具体工作程序,要求团队所有成员严格执行。

(2)提前制定计划并按计划进行可以保证团队的进度,只有按计划操作,团队才会一步一步地贴近目标,从而最终实现目标。

团队是合理利用每一个成员的知识与技能协同工作,解决问题,达到共同目标的共同体,而创业团队,则是由少数具有互补技能的成员组成,他们是在一个使他们能够担负责任的程序下,为实现共同的创业目标而努力的共同体。

二、组建有效创业团队的基本步骤

(一)组建团队的基本步骤

(1)确定业务模块;

(2)树立企业的愿景、使命、价值观;

(3)设计企业架构,划分部门;

(4)根据架构和部门设定岗位说明书、制定胜任力模型;

(5)找到创业团队组建的痛点,分析优势和不足;

(6)设定薪酬体系及企业相关规定;

(7)找到团队领军人物。

"冲突"会毁了整个团队

俗话说屋漏偏逢连夜雨,身为某民营制药企业项目研发部经理的王平被接二连三的坏消息搅得焦头烂额。先是某项历时一年多的新药研制项目遭遇技术难关,只得中途搁浅;紧接着他又获知国内另一家知名药厂通过引进国外先进技术,已经研制成功同类新药,并通过了医药审批,即将上市。

两年前,王平被这家企业的老板以高薪从内地某省一家国有大型制药企业挖来,为了充分体现对他的信任,老板将项目研发部的管理权、人事权甚至财务权都一股脑交给了王平,并委派海归硕士李翔协助其研发项目。在立项之前,王平和李翔曾经各自提出过一套方案,并且都坚持不肯让步:李翔主张在引进国外现有的先进技术的基础上改进配方和生产工艺,这样不仅见效快且技术风险较小,但缺点是要支付一大笔技术转让费用;而王平则主张自力更生,自主研发具有独立知识产权的全套生产技术,这样做的缺点是技术开发风险较大。

按公司规定,如果双方都坚持己见,那么就要将这两个方案拿到项目研发部全体会议上进行讨论,最后做出集体决策。以王平多年的国企管理经验,如果正副职在业务上产生分歧,当着下属的面各执一词、激烈讨论,必然会不利于整个部门的团结,对领导的权威也是一大挑战。实际上,他也缺乏足够的信心说服李翔和整个部门的同事,于是他找到企业老板,使出全身解数甚至不惜以辞职相逼,最终迫使老板在提交方案之前将李翔调离了该部门,从而避免了一场"激烈冲突"。

案例分析

团队的管理者往往对冲突讳莫如深,无论这种冲突是良性的还是恶性的,他们会采取各种措施来避免团队中的冲突。管理者们的担忧主要表现在三个方面:一是管理者把冲突视为对领导权威的挑战,因为担心失去对团队的控制,对于拍板和讨论他们往往会选择前者;二是过于激烈的冲突会引发团队内部的分裂,带来不和谐的氛围;三是在冲突中受打击的一方不仅伤及自尊,同时也会对成员的自信心造成极大的影响,不利于团队整体工作效率的保持和提升。

要想成为一个高效、统一的团队,领导就必须要在缺乏足够的信息和统一意见的情况下及时做出决定,果断的决策机制通常是以牺牲民主和不同意见为代价而获得的。对于团队领导来说,最难做到的莫过于避免被团队内部虚伪的和谐气氛所误导,要采取种种措施,努力引导和鼓励适当的、有建设性的良性冲突。将被掩盖的问题和不同意见提出来,通过讨论和合理决策将其加以解决。

(二)组建团队的方法

第一,要找到有能力又生不逢时的下山虎型的人,这类人比较珍惜机会,一时的落魄不代表他们没有能力,这类人都有自己的强项。

第二,团队成员需要互补,包括能力的互补和性格的互补。如果团队成员都是一样的性格,那犯起错误来就不堪设想,因为没有人提醒和阻止;如果团队成员都很强势,那就会形成三国争霸,谁都不服谁,最后也只能不欢而散。企业用人原则是用人所长,无不能用之人,用人所短,无可用之人。唐僧的团队,孙悟空最有能力,所以打前锋,猪八戒脸皮厚,所以牵马,沙僧老实本分,任劳任怨,所以挑行李,他们这几个角色不能任意互换,换猪八戒探路就算不半路睡觉,看到女妖怪肯定也都认为是良民,让孙悟空去挑行李,袈裟和通关文牒也准会弄丢。所以企业中没有完美的个人,只有优秀的团队。

第三,分析团队的现况,即"团队成熟度",根据不同的成熟度,运用不同的对策。成熟度可以分为四个阶段,以下说明每个阶段的特征、管理重点以及该阶段的目标与对策。

(1)形成期:从混乱中理顺头绪的阶段。

特征:形成期的团队由具备不同动机、需求与特性的人组成,管理混乱,成员缺乏共同的目标,彼此之间的关系尚未建立起来,人与人之间的了解不够深入,还在磨合之中,整个团队还没建立规范,还未形成共同看法。

目标:迅速掌握团队,快速让成员进入状态,降低不稳定的风险,确保工作的进行。

方法:此阶段的领导要采取控制,不能放任下属,由领导者设立合理的目标,直接告知团队成员想法与目的,不要让成员自己想象或猜测,否则容易走样。强调互相支持,互相配合,此时期人与人之间的关系尚未稳定,因此不能太过坦诚。此时期也要快速建立必要的规范制度,不需要多完美,但要能让团队尽快步入轨道。这时的规定不能太多、太烦琐,否则不容易理解,还会导致绊手绊脚。

(2)凝聚期:开始达成共鸣与积极参与的阶段。

特征:经过一段时间的磨合,团队成员逐渐了解领导者的想法与组织的要求,相互之间也产生默契,对团队的制度也渐渐了解。这时日常工作都能正常进行,领导者不必特别费心。但是组织对领导者的依赖较重,主要的决策与问题需要有领导者的指示才能进行,如领导其他事务繁忙,就很有可能耽误决策的进度。

目标:挑选核心成员,培养核心成员的工作能力,建立广泛的授权与清晰的权责划分。

方法:此阶段的领导要在可掌握的情况下,对于短期目标与日常事务,直接授权给部属进行,不过要定期检查和维持监督。在成员可接受的范围内,提出善意的建议。如有新进人员进入,须尽快使其融入团队氛围之中。部分成员可以参与决策,但在逐渐授权的过程中要注意控制,不能一下子放权太多,否则收回权力时会导致士气受挫,配合培训是此时期很重要的事情。

(3)激化期:团队成员可以表达不同意见的阶段。

特征:领导者建立开放的氛围,允许成员提出不同的意见与看法,鼓励建设性的冲突,由领导者制定目标转变为团队成员的共同愿景,团队关系从保持距离转向相互信赖,规范由外在限制变成内在承诺。

目标:建立共同愿景,形成自主化团队,调和差异,运用创造力。

方法:领导者必须创造参与的环境,以身作则,容许差异与不同的声音。刚开始会有一阵子的混乱,可以借助建立共同愿景有效地渡过难关,此时期能否转型成功是组织长远发展的关键。

(4)收割期:品尝丰收果实的阶段。

特征:通过过去的努力付出,组织形成强而有力的团队,所有人都有强烈的集体感,迸发出前所未有的潜能,创造出非凡的成果,并且能以合理的成本,高效满足客户需求。

目标:保持成长的动力,避免老化。

方法:运用系统思考,综观全局,时刻保持危机意识,持续学习,持续成长。

第四,笑对任何困难。

《西游记》中唐僧在取到真经后又落水,为什么会落水?是因为还差一难。在我们的人生中也是如此,每一次困难都是财富,是成功的基石。困难像弹簧,看你强不强,你强它就弱,你弱它就强,所以我们要笑对困难,用乐观、积极的态度面对所发生的事。

最后,送大家一句,做任何事情都是难在不动,慢在犹豫,停在情绪,断在沟通,苦在学习,累在能力,输在经验,败在放弃,成在坚持。

组建自己的创业团队

团队是企业发展的根基,作为创业公司,"团队"定位了目标客户(用户),找到他们的刚性需求,从而开发了创新产品,并尽力扩大资源优势,通过一些运营手段来实现业务发展。在企业经营过程中,团队决定了公司成本和收益水平,也承担着各种风险,因此,团队建设是创业能否成功的关键。下面将从团队的目标、成员、定位、机制等角度来说明组建一支创业团队的过程。

一、确定团队目标

创业者自己要有清晰的目标和计划,知道该怎么组建团队,团队需要什么样的人才,以及他们如何共同合作完成任务,自己需要做哪方面的努力等。作为创业者,首先自己要确定团队目标。

二、选择合适的团队成员

人是构成团队最关键的力量,团队目标是通过成员具体实现的,所以成员的选择是组建团队的关键。

三、确定企业定位

团队最终应由谁负责,团队采取什么样的奖惩机制,作为成员在团队中扮演什么角色,是定计划还是具体实施,这些都需要有明确的定位。

四、建立企业机制

建立合理有效的企业运营机制,给予那些有效合作的成员晋升、加薪的机会,以及团队认可的其他形式的报酬,增进团队成员之间的感情,使其快速融入这个大家庭中。

我的目标和行动

第八章 实战，创办一家公司

第二节 打造产品和模式

微信从1.0到7.0版本的历程

微信（见图8-2）由深圳腾讯控股有限公司于2010年10月筹划启动，由腾讯广州研发中心产品团队打造。该团队经理张小龙所带领的团队曾成功开发过Foxmail、QQ邮箱等互联网项目。腾讯公司总裁马化腾在产品策划的邮件中确定了这款产品的名称为"微信"。

图8-2 微信图标

微信现已成为全民移动通信工具。根据腾讯2018年一季报数据，微信及WeChat合并MAU达到10.4亿，超过2017年底我国7.53亿的手机网民规模，微信已实现对国内移动互联网用户的大面积覆盖。2017年，微信登录人数已达9.02亿，较2016年增长17%，日均发送微信次数为380亿，微信已成为国内最大的移动流量平台之一。

自2011年1月上线以来，微信已经历三个不同发展阶段，从最简单的移动通信工具成长为多功能的生态系统。

（1）用户积累阶段：从广度、深度两个层面奠定生态运营的用户基础。微信在发布之初仅被定义为熟人间移动端聊天工具，但2011年3月微信2.0和3.0版本上线"附近的人""摇一摇"和"漂流瓶"等功能后，其定位开始从熟人社交向泛社交延伸，用户广度快速扩大。而2012年5月推出的4.0版本新增"朋友圈"功能，大幅增加了用户间的互动，将微信的定位从通信工具向日常生活拓展，在深度层面上为微信向生态圈发展奠定了巨大的用户黏性。

（2）基础设施建设阶段：开启移动支付，丰富多样化服务入口。2013年8月5.0版本的微信上线"微信支付"功能，使微信具备移动支付能力。其后"红包大战"风潮极大地刺激了微信用户银行卡的绑定比率，大幅打通微信平台的支付环节。新版本的微信还增加了"订阅号"与"服务号"功能，为用户提供了新的信息获取方式，满足用户在微信内获取资讯以及进行长文阅读的需求，并为企业和组织提供了基于微信平台开展营销和服务的渠道。

（3）生态丰富阶段：向多元商业融合的生态系统拓展。自2014年10月发布6.0版本以来，小程序、小视频、卡包功能的上线使微信向多功能方向发展，特别是微信小程序，正引发电商、O2O服务、移动游戏等领域的巨大革新。从更宏观的角度看，围绕微信公众号、小程序等渠道开展营销、电商、运营等商业活动的第三方参与者越来越多，微信已进入既联结人与人，又联结人与服务的生态系统建设的轨道。

微信完全融入国内网民生活,成为一种生活方式。微信占据了国内网民23.8%的时间,排在第二位的腾讯视频仅占据4.9%的时间,微信提供公众平台、朋友圈、消息推送等功能,用户可以通过"摇一摇""搜索号码""附近的人"等功能及扫二维码的方式添加好友,关注公众平台,同时微信可以将用户看到的精彩内容分享到朋友圈。微信已经培养出用户高度的依赖性,已渗透至日常生活和商业之中。

案例分析

国民app——微信,它最开始的1.0版本只是纯文字图片的信息交流工具,2.0版本加入入对讲机(支持语音对讲),之后又有了摇一摇、朋友圈、公众号、微信支付、扫一扫、小视频等功能。尽管现在微信功能非常多,但其最核心的价值还是发送消息功能。

可以假设一下:若微信保留了所有功能,但就是去掉了聊天功能,还会有几个人使用?应该不会有很多人。正因为微信与传统的短信相比,更智能、灵活,才有越来越多的人使用这款产品。

关键词:产品框架、改善、优化

一、创业公司如何打造第一款产品

创业是一场修行。在这个过程中,你的敌人不仅包括你的竞争对手,很多时候还包括你自己。自己的认知不足而导致的思维漏洞会给你的战略、战术埋下坑,等着你去踩。但每个人都会有思维漏洞,只是多跟少的问题。我们能做的就是尽可能提高思维认知,进一步认清客观世界,帮助我们减少思维漏洞。从这个角度上说,其实人的一生都在修行,都在不断提高自己的认知层次、思维能力。

很多创业者会犯一些战略性的思维错误。如第一款产品就要像微信那样完美、那么高大上(但他们并没有错,因为作为公司第一负责人,他需要站在全公司的最前面摇旗呐喊,这就涉及团队合理性的问题),这是很多创业公司的通病。

创业公司如何从思想到行动上,打造好自己的第一款产品,要按照以下三个层次层层递进,打好基础,直到产品落地。

(一)从战略层次统一认知

在讨论公司战略、规划产品业务时,大家都雄心勃勃,斗志昂扬,恨不得马上实现心中的伟大目标,对于产品,每个人也都有自己的想法,想让它实现众多功能。

不过此时应该意识到,在可预见的未来的人类社会,资源都是有限的——对公司而言也是如此,而对创业团队而言资源更是紧缺。要想跟现在的各大巨头PK,就必须懂得不能把面铺得太宽——因为你铺得再宽你也宽不过现在的大企业。而且创业团队本来靠的就是加倍的努力与辛苦,从而在某个点上超过现有巨头,但把面铺宽之后这一点优势也没有了。

因此该阶段应该带领团队成员一起对公司的人力、资源、资金、商业优势等进行评估,让大家清晰认识公司内外最真实的情况。产品负责人此时应该充当推进者的角色,推进信息的加工与生成,将信息传递给全体成员。

信息本身是不会流动的,有些信息你知道了并不代表所有人都已经知道,要保持信息的畅通,就要建立好信息流通的渠道,同时推动信息的传递。

首先抓住最核心的需求,明确第一步做什么,再慢慢实现次要需求。对于产品前期的版本规划,可以遵从以下三个阶段:

第一版,只专注于做核心功能;

第二版,加上一些重要但非最核心的功能;

第三版,打磨细节,完善用户体验。

任何产品,做第一版时一定要克制,只做核心功能!

比如充满情怀、逼格满满的网易云音乐,最开始做的时候也是聚焦于它最核心的功能——个性推荐功能。对于网易云音乐与 QQ 音乐等音乐软件,在这信息过载的时代其最大价值在于,每次打开它,它都会给用户推荐一些很不错的歌曲,这些歌曲是根据你平时的搜索类型而推荐的,所以这就是打开网易云的动力,它利用自己最核心的个性推荐功能给用户带来了期望与信任,绑定了用户。

滴滴打车第一版本上线时,页面交互体验并不是很好,也没有现在这么好看,但它最核心的功能是打车,所以它刚开始就是要让用户能约到车、能支付,流程能跑通就可以了,其余功能等到后面再慢慢添加、完善即可。大家可以试想一下,如果当时有另外一款打车软件在细节、体验等各方面都做到了极致,功能也强大,但是打开之后在上面约了十几分钟都约不到一辆车,但一打开滴滴半分钟之内就约到了。这个时候,你会选择哪个打车软件就显而易见了。

其实在对产品进行战略规划时,也会反推整个公司对商业战略进行细化和聚焦,找到企业的核心竞争力与核心价值。

当整个公司在这个层次达成共识,了解到需要抓核心、分步骤开发实现产品及业务的时候,接下来就需要具体策划产品了。

(二)打造产品逻辑框架

经过第一步的统一认知,现在团队成员就第一版只做核心功能达成共识了,但具体怎么才能做到,这就是接下来我们要解答的。

即使明确了只做核心功能,但经过多次调研、搜集各方需求(包括高层们的远见)之后,最常见的现象就是需求还是一大堆。这时作为产品负责人该怎么办呢?是直接就这么把需求都规划了,还是找各个决策者进一步讨论,还是自己默默消化呢?这些都不对,具体做法应如下所示。

把所有相关人员都叫到会议室,把所有功能都列出来,然后一个个讨论,把它砍掉是否还是我们想做的产品,用户是否还会用?是,那么就砍掉,如此最终留下来的功能需求就是第一版要做的核心功能。在使用这个方法的过程中,根据会上大家深入的探讨,还可以得出每个需求的优先级排序,这给后面的产品策划、迭代提供了依据。

明确了产品核心功能及需求的排序,接下来就要进行具体的产品逻辑框架策划。这需要梳理清楚产品框架及产品的关键行为两个事项。

1)产品框架

产品框架即产品是由哪些功能模块构成的,这些功能围绕一个最主要的功能有机组合到一起,从而解决用户需求。合理的产品框架能够让用户的使用过程通畅、逻辑清晰。借助已确认好的需求及优先级排序,以最核心功能为中心,然后根据其他功能与核心功能的关系进行架构上的组合布局。接下来就是基本的产品能力输出,因此不再展开。

2) 关键行为

关键行为就是用户在使用一款产品时的最主要、最频繁的操作。如使用一款听歌类软件的关键行为就是找歌、放歌,其他行为如评论、分享、收藏等就不是关键行为。结合前面的需求确认工作,就能找到关键行为。

在策划关键行为要注意以下几点:

第一,关键行为要设计得足够短。

关键行为是用户最频繁的行为,一旦关键行为本身很复杂,这个关键行为的成功率就会大幅度降低。每个环节的每一个操作都会带来断点的可能性,只要有一个断点,关键行为就没法完成。从"三三原则"中也知道,页面跳转超过了三个层次,就会产生巨大的用户流失量。

第二,关键行为的触达路径要尽可能短。

用户打开app时最期望进行的行为就是关键行为,所以原则上关键行为是最容易触达的,而且触达的操作只需一步。比如微信,聊天是关键行为,所以聊天功能摆在了第一页;再如滴滴打车,打车是关键行为,因此打开app就是打车的界面。

第三,关键行为发生的频率要尽可能高。

一个产品关键行为发生频率的高低直接体现了这款产品的用户黏性及价值大小,甚至会影响到产品的成败。在整个产品策划中,要把关键行为充分融入整个产品的方方面面。比如另一个国民app支付宝的关键行为是支付,所以其首页堆了许多方格子、长格子(支付途径)来促使用户快速进入支付场景。

我们主要从确认核心功能、策划产品框架与关键路径来说明创业公司打造产品的第二步。那产品的其他方面如酷炫的交互界面、高逼格的配色、极致的体验等是不是就不重要了呢?并非如此,每个公司的产品负责人都会考虑到这些内容,但这些事项在第一版中只能说兼顾,而不是一定要做到。因为这个时候团队的主要精力应放在关键的核心需求上,这样才能从更高的层次带领公司走向成功。

(三)全方位执行能力

很多时候,大部分团队能够理解第一步战略规划的重要性,也能够根据第一步的战略规划去执行第二步的产品逻辑框架设计。但一旦进入产品的设计、开发、落地阶段就全都被打回原形——延期严重、产品烦琐,阻碍了整个公司的前进步伐。

也就是说产品大方向、核心功能已经明确,并形成了统一认知,但具体落实到产品的细节设计时又犯了功能过多、过于严谨的错误。就像很多人常常把"小步快跑,快速迭代""少即是多""MVP"等挂在嘴边,但在具体做产品的过程中并没有落实下去一样。

其实绝大部分的创业团队在产品执行阶段都会自主或不自主、或多或少地犯过这样的错误——产品落地时功能过多、过于严谨。而犯这样的错误的原因有如下三条。

(1)人性的角度,人一直以来喜欢贪大贪多。这是由人类的底层基因所导致的,现在人类很多基因及生理机制都有原始时代的影子。人在原始时代,吃了这餐没下餐,所以就会想尽一切办法获得更多的食物、物品,这个底层诉求一直延续至今,潜移默化地影响着人们的很多行为。

（2）能力要求的角度，产品经理的基本能力要求就是逻辑要严谨、要全。这是很多产品经理在成长时就已经形成的自我要求，也是产品经理的入门必备条件之一，所以产品经理在设计产品流程、产品逻辑时一般都十分严谨，所有分支、异常等都被完全考虑到且在产品的代码中都有应对方案。

（3）参考竞品的角度，参考的大多是别人的成熟阶段的产品。

在制作一款产品前都会调研、体验竞品，所以常常发生这样一幕，当公司执行者看到某款竞品有个功能跟我们的类似时就说："快快，我们要尽快搞出来跟他们一样的，甚至比他们还好的功能。"这个时候产品负责人会面临很大压力，有时甚至产品负责人自己也觉得应该像执行者说的那样做。但这个时候所有人都忽略了一个极其重要的时间维度的信息——我们现在看到的一般都是别人比较成熟的产品，它们刚起步时的版本你根本没看到！拿自己的初始产品跟别人的成熟产品去对比，只会把自己拖入绝境。

那如何在执行层次打造出核心功能产品？提供的方法如下。

（1）核心理念：快速验证商业模式。

在整个产品过程中，产品负责人心里始终要有一个极其清晰的理念，那就是，第一版产品最大的价值就是验证商业模式，所以要尽快把产品的核心功能跑通，然后推到市场中验证商业模式。

不要一开始就做一大堆功能，即使是腾讯做的产品功能也有 40% 左右是不被市场所接受的，同时产品的流程、细节先不用扣得那么细致。

曾经看到过一个创业团队，在打造产品 1.0 版本时，产品经理跟开发人员就一个细节点争吵了半天。有时候一个功能打磨得再细、体验感再好，可上线之后用户根本不用，这种尴尬的现象很常见。

当我们以快速验证商业模式为主线目标时，整个团队也将活跃起来，大家的积极性会被调动起来。此时产品进度可控且明确，能够更快速地投入市场，其他业务方向的人员也慢慢进入轨道，整个公司都会被带动起来。

一个创业项目如果能够成功是因为它解决了用户的痛点，给用户提供了价值。如果项目确实能够给用户提供价值，那么其商业模式就是有"势"的，这个"势"就会吸引用户使用，即使页面粗糙些、体验感差些用户还是会使用。反之，就算项目体验感再好、再流畅，若并没有解决用户的痛点带给用户价值的话，用户也不会接受。

（2）把人的因素考虑到产品逻辑里。

很多时候，我们把产品设计得过于完美，而导致研发投入产出比很低，增加了成本。要避免这种情况就要在产品设计阶段把"人"考虑到整个产品逻辑中。

以订单流程的设计为例，订单流程一般是一个产品最复杂的流程之一，包括下单、生成订单、支付、支付成功、支付失败、退款、评论。支付的时候，可以钱包支付，也可以第三方支付，甚至可以混合支付，退款又可能根据退的时间不同而退不同的额度。

一个业务比较复杂的产品，熬了一两个月开发出来，又得花十天半个月才能把订单流程测试明白。这个时候可以请一个客服参与测试，一些异常地方直接让客服介入处理。对于前期产品，很多流程制定得越细其实就会框得越死，缺少灵活性，所以一些发生概率比较小、比较杂碎的流程直接让人来处理更具柔性，也更容易让用户满意。

（3）认清用户的路径、逻辑跟你想象的不一样。

人类的认知能力有限，无法精准地理解正在发生的事情，更无法精确地预知将发生的事情。

从理论上讲，一款新产品投入市场之前用户是没有接触过的，所以当我们把产品投入市场后，用户会完完全全地按照我们设计的规则走吗？这几乎是不可能的。

一款产品不管自以为设计得多么完善，投入市场，经过用户使用反馈后，最终肯定要做很多调整，有些流程甚至会被推倒重建——因为用户的使用路径与逻辑有时跟我们所想的并不一样。

在当下社会节奏越来越快的情况下，对用户来说，其实都是希望尽快达到目标即可。因此产品逻辑规则设计应该往上层走，尽可能在大方向上规划好，比较细的规则就先不要定义那么死，保留一定的灵活度，等待市场的验证。若产品的价值得到市场认可，此时再根据市场反馈数据有理有据地细化产品规则，同时在适当节点再把"人"剔出产品流程——因为随着用户增加、业务增长，这个时候投入产出比就反过来了，过多依靠人力就不划算。

（四）总结

创业公司如何打造第一款产品，基本分下面三步。

第一步，统一认知，做好产品战略规划（版本规划）；

第二步，"砍"一遍需求，确定核心功能并策划产品逻辑架构；

第三步，产品落地执行，这是最容易犯错的一步，要全程绷紧神经，时刻反思。

创业是没有必然成功的方法论的，一个创业项目的成功，虽然产品的因素很大，但还有天时地利、商业逻辑、市场动向、团队配合、资本等各方面因素的影响，另外还有一些偶然因素的影响。即使是马云也不敢说自己从头再来还是一定能成功。

二、创业公司如何打造商业模式

（一）理解商业模式

经过项目实践之后的理论提炼，可得出商业模式的本质是利益相关者的交易结构的结论，具体由以下五个部分组成。

定位：首要回答的问题是解决什么痛点和满足什么需求？定位是商业模式创新的起点，也是对商业模式改革创新的突破口。

业务系统：好主意之外，更需要一套运行机制。

苹果公司为什么成功？是什么支撑了 6142 亿美元市值？苹果之所以成为苹果，不仅因为做出了硬件产品，更在于它成功打造了高品质的用户体验系统，包括内容服务、销售渠道和支付流程，以及受自己高度控制的包括由芯片、操作系统、软件商店、零部件供应厂商、组装厂、市场营销、零售体系、App 开发者组成的强大生态系统，形成了一套完善的运行机制。业务系统是商业模式的核心因素，反映企业与其内外利益相关者之间的交易关系。

盈利模式：指企业利润来源及方式。从谁那里获益？谁可以分担投资或支付成本？例如大量的"内容"服务商，不仅从直接顾客身上赚取了收入（如票房、打赏），还有大量的衍生收入（如游戏、广告、其他衍生品）。

现金流结构：血液是否有效供给？支付流程、交易方式以及账期的设置都事关生死，足以引发行业商业模式的重大创新。

企业价值：企业未来可以产生的自由现金流的折现，企业的投资价值是商业模式的归宿，是评判商业模式优劣的标准。

（二）创新商业模式

从工业时代以来，商业模式就在不断进化，最初非常简单，只是制造并销售商品，存在两个成本：商品的制造成本与商品的流转成本。伴随着互联网信息技术的长足发展以及越来越普遍的深度应用，商业模式的演变表现出四个显著趋势。

1. 改善供给端能力

UGC（用户生成内容）：内容的消费者变成了生产者，如优酷等网站以用户上传和分享视频为中心。

2. 重新定义需求

C2B（用户到商家）：先有消费者提出需求，后有生产企业按需求组织生产，如小米手机，采用"不是买电表，而是收电费"的商业模式。

3. 改善流转效率

电子商务：降低成本的核心思想是提高商品到消费者的流转效率；

信息获取：扁平化中间环节；

品牌认同：高效的营销通路；

物流库存：降低存货比例，提升库存周转率。

4. 虚拟化商品，流转成本为零

商品充分地数字化，如电子书、点卡、歌曲、杂志、网络游戏等，其流转成本为零或者接近零，这是因为虚拟网络中传送的速度无限快，流转成本指数级降低。

在互联网出现之后，传统行业的商业模式发生了质的变化，主要是因为数字化世界中存在三个重要定律，它们相互叠加，不断加速进化。

（1）摩尔定律：每一美元所能买到的电脑性能，每隔 18～24 个月将至少翻一倍以上，揭示了信息技术进步的速度；

（2）吉尔德定律：主干网的带宽将每 6 个月增加一倍，最为成功的商业模式是价格最低的资源将会被尽可能地消耗，以此来保存最昂贵的资源；

（3）梅特卡夫定律：网络的价值等于该网络内的节点数的平方，而且该网络的价值与联网的用户数的平方成正比。

三大定律促进了信息化，最大限度地降低了制造与复制成本，拓展了市场规模。此外，互联网的信息化管理优势和营销张力对企业的改造能力是颠覆性的，互联网能打破时空界限，凸显其管理和营销的优势，使服务业公司有机会在短时期内极速生长。互联网发展的这些年，不同的细分领域中分别产生了行业巨头，其规模和价值堪比百年企业。

在此，可得出创新商业模式的立足点是对配置、流转、使用效能的优化。配置效能的优化是指在生产端或者供应端改变了组织形式；使用效能优化进一步释放需求，在更大范畴上满足客户的需要，塑造新市场；流转效能的优化减少了流通领域的中间环节，强化了供应链上下游的协作。

商业模式的创新路径有两个：重新定义客户；重新定义产品的价值主张。以产品为轴线，即关注产品，从产品到组合，再到产品价值链和系统；以客户为轴线，即关注人群，从客户到组合，再到客户价值链和系统。

在设计和决策商业模式的时候，企业家和创业者始终需要有更大的画面感和节点观念，顺势而为，顺时而变。在这里，势，指的是技术和需求；时，指的是窗口和周期。

案例

老干妈：稳住一个合适的价格，竞争对手根本杀不进来

1984年，陶华碧女士凭借自己独特的炒制工艺，推出了别具风味的佐餐调料，令广大顾客大饱口福，津津乐道。老干妈（陶华碧）牌油制辣椒是贵州地区传统风味食品之一（见图8-3）。几十年来，一直沿用传统工艺精心酿造，具有优雅细腻、香辣突出、回味悠长等特点。是居家必备，馈赠亲友之良品。

图8-3 陶华碧和老干妈

自贵阳南明老干妈风味食品有限责任公司成立以来，在贵州省、市、区各级党委、政府的支持和帮助下，在企业创始人陶华碧女士的带领下，老干妈企业的全体员工秉承"诚信为本，务实进取"的企业精神，通过九年的艰苦创业，已经将企业发展成为全国知名企业、国家级农业产业化经营重点龙头企业。老干妈公司已形成日产120万瓶辣椒制品的生产能力，主要生产风味豆豉、油辣椒、鲜牛肉末、水豆豉、风味腐乳等20多种系列产品，是目前国内生产及销售量最大的辣椒制品生产企业。

价格往往决定着品牌和目标人群的定位。价格变动，不只是企业利润和销量的变化，更是品牌定位的转移，尤其在企业市场份额领先的情况下，提价往往是给对手让出价格空间。老干妈深得其要领。

以老干妈的主打产品风味豆豉和鸡油辣椒为例，其主要规格为210g和280g，其中210g的价位锁定在8元左右，280g的价位锁定在9元左右（不同终端的价格有一定差别），其他主要产品根据不同规格，大多也集中在7～10元的主流消费区间。

基于老干妈的强势品牌力，其他品牌只能选择价格避让，比如，李锦记340g风味豆豉酱定价在19元左右，小康牛肉酱175g定价在8元左右，要么总价高，要么性价比低，都难与老干妈抗衡。这就造成了整个调味酱行业定价难，价格低于老干妈没利润，高过老干妈没市场。老干妈坚守价格定位，价格一直非常稳定，涨幅微乎其微，不给对手可乘之机。在老干妈强势的品牌力下，竞争对手们要么为了低价导致低质，要么放弃低端改做高端，但佐餐酱品类是很难支撑高端产品的。

第八章 实战，创办一家公司

 案例分析

老干妈之所以成功，离不开优秀的产品，以老干妈为核心调料的菜品已经有很多了，而且还在不断增加，其口味都以使用了老干妈为正宗，这是一个强大的吸引力。

虽然老干妈在融资上非常保守，但在市场开拓和营销渠道上却十分先进。从口碑营销到自研推广菜品，从全球市场开拓到全球供应链整合，它的每一步都精准地踩在了行业的"七寸"上，而且都获得了核心位置。

每种产品都有最适合的价格区间，而调味品最适合的的价位毫无疑问在7~10元。如果低于这个价格区间就意味着很难获得利润，如果高于这个价格区间，那意味着在销售上会面临巨大的压力，很难扩大规模。正是通过对市场的牢牢把控，老干妈压制住了所有的竞争对手。

商业模式描述了企业所能为客户提供的价值以及公司的内部结构、合作伙伴网络和关系资本等用以实现这一价值并产生的可持续盈利收入的要素。有一个好的商业模式，成功就有了一半的保证。商业模式就是公司赚钱的途径或方式来，其最终目的就是盈利。

随着市场需求日益清晰以及资源日益得到准确界定，机会将超脱其基本形式，逐渐演变成为创意，即商业概念，包括如何满足市场需求或如何配置资源等核心计划。随着商业概念的不断提升，它变得更加复杂，形成了产品/服务概念、市场概念、供应链/营销/运作概念等一系列概念，商业概念逐渐成熟，最终演变为完善的商业模式，从而形成一个将市场需求与资源结合起来的系统。

这个世界是一个相互关联和相互进化的世界，并非线性发展的，并非现有科学可以解释清楚的。这个世界上不仅存在着结构和秩序，也存在着混沌和失序。

2009年，布莱恩·阿瑟的《技术的本质》一书出版，阿瑟提出以技术进化的视角，赋予技术以生命的意味，技术具有DNA，技术自我创造、无中生有。这种视角的转换不只是抽象的，还是技术角色大变换的真实反映——现代技术不仅是独立的生产方式的集合，而且已经进化成创造经济结构与功能的语言。

这意味着复杂性科学已经开始影响和塑造新的商业形态，随之而来的是必须更新对企业的认知方法和研究框架。过去产业是划分企业的重要标志，学界一直推崇哈佛学派的S-C-P分析范式，即"产业结构—竞争行为—企业绩效"的研究框架。

未来将没有互联网公司之说，将以不同的属性划分为消费型互联网、生产型互联网、资产型互联网、人力型互联网、媒介型互联网等。过去并购重组基于产业思维，未来并购重组基于互联网生态共生思维。

 实战

如何打造创业产品和创业模式

团队成员针过一项任务或一个新的产品，应先确定提问的要点，通过对这些要点的讨论、核对，系统全面地考虑各种解决问题的因素及其可能性，有目的地拓展人们的思维，获得创造性设想。通过对以下四点的思考进一步确定创业产品和营销模式。

（1）不管做什么产品，产品定位是第一步，即确定产品的用户群和产品的功能。

（2）团队成员共同商讨产品需求，"砍"一遍需求，确定产品的核心功能并策划出其逻辑架构。

（3）创业产品要落到实处，通过调研了解用户反馈的信息，不断优化产品。

（4）什么是新时代的商业模式？复杂性科学如何影响新商业？是什么支撑了苹果 6142 亿美元市值？关键资源能力有哪些？通过对以上问题的研究熟悉商业模式的打造。

▶ **我的目标和行动**

第三节 公司注册与运营

一、公司注册

（一）选择公司的组织形式

企业最常见的组织形式包括公司制企业、独资企业、合伙企业三种。由于每种企业组织形式都有其优缺点，因此，创业者必须考虑企业组织形式的相关法律规定以及相互间的对比，甄选出最适合自己的企业组织形式。

对于创业者来说，选择一个合适的企业组织形式至关重要，因为这不仅关系到企业的注册流程、企业的纳税额、创业者个人所要承担的责任、创业者的融资行为等，还在一定程度上决定了企业今后的发展走向。

不同企业类型对注册资本的最低限额不同，在目前的经济环境中，与创业者距离较近的企业形式有：非公司企业法人、有限责任公司、股份有限责任公司、个体工商户、私营独资企业、私营合伙企业,其注册资本的最低限额及注册的基本要求如下。

1. 非公司企业法人

最低注册资金3万元人民币。基本要求:

(1) 有符合规定的名称和章程。

(2) 有国家授予的企业经营管理的财产或者企业所有的财产,并能够以其财产承担民事责任。

(3) 有与生产经营规模相适应的经营管理机构、财务核算机构、劳动组织以及法律或者章程规定必须建立的其他机构。

(4) 有必要的并与经营范围相适应的经营场所和设施。

(5) 有与生产经营规模和业务相适应的从业人员,其中专职人员不得少于8人。

(6) 有健全的财会制度,能够实行独立核算,自负盈亏,独立编制资产负债表。

(7) 有符合规定数额并与经营范围相适应的注册资金,企业法人的注册资金不得少于3万元,国家对企业注册资金数额有专项规定的按专项规定执行。

(8) 经营范围符合国家法律、法规和政策规定。

2. 有限责任公司

最低注册资本10万元人民币。基本要求:

(1) 股东符合法定人数,一般由2个以上50个以下股东共同出资设立。

(2) 股东出资达到法定资本最低限额:以生产经营为主的公司需50万元人民币以上;以商品批发为主的公司需50万元人民币以上;以商品零售为主的公司需30万元人民币以上;科技开发、咨询、服务公司需10万元人民币以上。

(3) 股东需共同制定公司章程,按出资比例行使表决权。

(4) 有公司名称,建立符合有限责任公司要求的基本组织机构。

(5) 有固定的生产经营场所和必要的生产经营条件。

3. 股份有限责任公司

最低注册资本500万元人民币。基本要求:

(1) 设立股份有限公司,应当有5人以上为发起人,其中须有过半数的发起人在中国境内有住所。国有企业改建为股份有限公司的,发起人可以少于5人,但应当采取募集设立方式。

(2) 股份有限公司发起人,须按照法律规定认购其应认购的股份,并承包公司筹办事务。

(3) 股份有限公司的设立,须经过国务院授权的部门或者省级人民政府批准。

(4) 股份有限公司的注册资本为在公司登记机关登记的实收股本总额。

(5) 股份有限公司注册资本的最低限额为1000万元人民币,股份有限公司注册资本最低限额需高于上述所定限额的,由法律、行政法规另行规定。

4. 个体工商户

对注册资金实行申报制度,没有最低限额。基本要求:

(1) 有经营能力的城镇待业人员、农村村民以及国家政策允许的其他人员,可以申请从事个体工商业经营。

(2) 申请人须具备相应经营项目的资金、经营场所、经营能力及业务技术。

5. 私营独资企业

对注册资金实行申报制,没有最低的限额。基本要求:

(1) 投资人为一个自然人；
(2) 有合法的企业名称；
(3) 有投资人申报的相应资金；
(4) 有固定的生产经营场所和必要的生产经营条件；
(5) 有必要的从业人员。

6. 私营合伙企业

对注册资金实行申报制，没有最低的限额。基本要求：
(1) 有两个以上合伙人，并且都是依法承担无限责任者；
(2) 有书面合伙协议；
(3) 有各合伙人实际缴付的相应资金；
(4) 有合伙企业的名称；
(5) 有经营场所和必要的经营条件；
(6) 合伙人应为具有完全民事行为能力的人；
(7) 法律、行政法规禁止从事营利性活动的人，不得成为合伙企业的合伙人。

(二) 注册公司的步骤

1. 准备材料

(1) 公司法人签署的《公司设立登记申请书》；
(2) 全体股东签署的公司章程；
(3) 法人股东资格证明或者自然人股东身份证及其复印件；
(4) 董事、监事和经理的任职文件及身份证复印件；
(5) 指定代表或委托代理人证明；
(6) 代理人身份证及其复印件；
(7) 住所使用证明。

注：住所使用证明材料的准备，分为以下三种情况：

①若是自己的房产，需要房产证复印件、自己的身份证复印件；

②若是租房，需要房东签字的房产证复印件、房东的身份证复印件、双方签字盖章的租赁合同及租金发票；

③若是租赁的某个公司名下的写字楼，需要该公司加盖公章的房产证复印件、该公司营业执照复印件、双方签字盖章的租赁合同，还有租金发票。

2. 注册流程

第一步　核准名称

时间：1～3个工作日。

操作：确定公司形式、名字、注册资本、股东及出资比例后，到工商局现场或线上提交核名申请。

结果：核名通过则核发《企业(字号)名称预先核准通知书》，核名失败则需要重新核名。

常见的公司名称一般有三种形式，不同形式之间并没有本质区别，注册时任选其一即可。
(1) 地区＋字号＋行业＋组织形式，如北京快又好信息技术有限责任公司。
(2) 字号＋(地区)＋行业＋组织形式，如快又好(北京)信息技术有限责任公司。

(3) 字号＋行业＋(地区)＋组织形式,快又好信息技术(北京)有限责任公司。

第二步　提交材料

时间:5～15个工作日。

操作:核名通过后,确认信息(地址信息、高管信息、经营范围),在线提交预申请。在线预审通过后,按照预约时间到工商局递交申请材料。

结果:收到准予设立登记通知书。

第三步　领取营业执照

时间:预约当天。

操作:携带准予设立登记通知书、办理人身份证原件,到工商局领取营业执照正、副本。

结果:领取营业执照。

第四步　刻章等相关事宜

时间:1～2个工作日。

操作:凭营业执照,到公安局指定的刻章地点办理公司公章、财务章、法人代表章、合同章、发票章。

至此,一个公司注册完成。

(三) 后续事项

1. 办理企业组织机构代码证

凭营业执照到技术监督局办理组织机构代码证。技术监督局会先发一个预先受理代码证明文件,凭此文件办理后面的税务登记证、银行基本户开户手续。

2. 办理银行基本户

公司注册完成后,需要开设银行基本户。基本户是公司资金往来的主要账户,经营活动的日常资金收付以及工资、奖金和现金的支取都可以通过这个账户来办理。每个公司只能开设一个基本户。

开基本户需要带上营业执照正本原件、法人身份证、组织机构代码证、公司公章、法人章、公司财务章。开基本户时还需要购买一个密码器,日后公司开支票、划款时,都需要使用密码器来生成密码。

3. 办理税务登记

营业执照和印章办理完成后,可到地税局和国税局进行税务报到。需要注意的是,完成税务报到后,需要拿上银行开户许可证,营业执照副本原件和复印件,公司公章、法人章、财务章,及时与税务局签订三方协议,然后再拿上三方协议与银行基本户开户行签订三方协议,最后再递交给税务局,之后创业者就可以实现电子化缴税了。

4. 申请税控机及发票

如果企业要开发票,就需要申办税控机,财务人员参加税控使用培训,核定申请发票,申请结束后,企业就具备开发票的资格了,再配备电脑和针式打印机就可以开发票了。

5. 社保开户

公司注册完成后,需在30天内到所在区域管辖的社保局开设公司社保账户,办理社保登记证及CA证书,并和社保、银行签订三方协议。之后,社保的相关费用会在缴纳社保时自动从银行基本户里扣除。

二、公司运营

公司运营是指一个公司的运作、管理。公司运营作为企业生存赢利的关键要素,决定着一个企业的市场经营成果。不同的公司运营模式具有不同的发展潜力和竞争优势,成功的公司运营模式与现存的运营模式相比在本质上是一种更好的创造价值的方法。当今的市场环境竞争激烈,就如一片波涛汹涌的大海,而企业作为航行其中的一只小船则需要有良好运营思路的舵手把控方向,如此才能在海上稳妥的前行。

(一)运营管理及其内涵

(1)运营是指运作与经营,由于行业的不同,运营的形式是多种多样的。

(2)运营是通览企业运作的每一过程,对企业的实际情况进行分解,深入剖析,最终使企业及其最终产品得到改善,其最终目的是使客户满意。

(3)中国中小企业运营现状如下。

①目前,中小企业经济总量占全国经济总量的60%,数量却占全国企业总数的99%,就业人数占全国总就业人数的80%。

②社会资源分配不足;缺乏政府引导,市场混乱无序;外向型、高人力、高消耗、低水平、低收益,风险性较大;没有核心竞争力,市场竞争力不强,综合服务管理水平低,发展后劲不足;社会诚信差;跨行业盲目投资等现象较为严重。

(4)运营管理是对企业经营过程的计划、组织、实施与控制,是与产品生产和服务创造密切相关的各项管理工作的总称。另一方面,运营管理也可以是对生产和提供公司主要产品和服务的系统进行设计、运行、评价和改进。

(5)运营管理涵盖企业运作过程中的方方面面,包括供应链、产品质量、生产、销售与营销、安全与健康以及环保等。

①西方学者曾把与工厂联系在一起的有形产品的生产和无形的服务分开,现在的趋势是将两者统称为"运营"。

②运营经理运用绩效评估方法发现问题,并找出解决这些问题的最佳方法。

③企业运营内涵图示:(经理职责)新产品研发——制造和生产——供应链——质量管理——销售和营销——资金——人力资源——设备管理——环境法规——员工安全和健康。

(6)运营目标:以客户为中心,使客户满意并且努力加深客户对公司的忠诚度。通过对企业的运营进行深入剖析和有效管理,在合理的成本范围内生产出满足客户需求的合格产品。

(二)消费者价值

(1)消费者价值指消费者从某一产品或品牌中获得的一系列利益。消费者消费的过程就是寻找消费价值的过程。

(2)消费价值指消费者拥有及使用某一产品所获得的价值与取得该产品的成本两者之间的差额。消费者选择某一产品的原因如图8-4所示。

①通过改善业务过程,无论是管理、营销、研发或是其他任何方面,企业可以生产出更好的产品、获得更高的利润并且在更大程度上满足客户需求,进而拥有更忠实的客户群体。

②无论经营什么类型的公司,公司规模有多大,在流程和运营方面总有可以改进的地方。

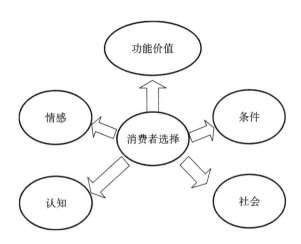

图 8-4　消费者选择产品的原因

用心审视自己的运营状况也可能从中获益良多。

③现代运营管理的范围已经从传统的制造业扩大到非制造业。研究内容也已经不局限于生产过程的计划、组织、实施与控制,而是扩大到包括运营战略的制定、运营系统的设计与运行等多个层次的内容。把运营战略、新产品开发、产品设计、采购供应、生产制造、产品配送直至售后服务看作一个完整的"价值链",进行集成管理。

商业模式是一个十分宽泛的概念,主要包括运营模式、盈利模式、广告收益模式等,它是一种简化的商业逻辑。而运营模式是商业模式的组成部分,是一种具体的经营方法。

(三)建立运营管理

1. 建立运营管理模板结构

模板化是标准化的一种具体形式。把管理内容设计成条条框框,要求每个人按统一标准去做事,便于沟通和管理,减少差异,提高效率,能够很容易地识别问题并加以改进。

运营管理模板结构图如图 8-5 所示。

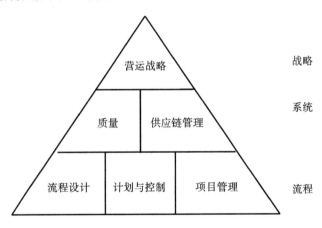

图 8-5　运营管理模板结构图

2. 板块管理的内容

流程设计是以不断提高组织业务绩效为目的的系统化方法,是对操作的定位描述,指流程的分析、定义、重新定义,资源的分配,时间的安排,质量效率的测评,流程的优化等。

流程设计包含流程梳理、流程分析、流程优化、流程改善、流程再造等。

流程设计一般按下面的步骤进行:①确定流程名称;②确定流程授权岗位;③确定流程主要岗位;④确定流程参与岗位;⑤确定流程目标;⑥确定流程活动的先后程序;⑦确定流程活动的互相承接关系;⑧尽量安排平行活动;⑨尽量减少审批环节;⑩确定流程活动的具体完成时间;⑪确定达成目的;⑫将流程各环节连线。

案例

执行不按流程走,等于没有执行力

新希望集团总裁刘永好有一次去韩国参观一家面粉厂,这家面粉厂属于西杰集团,每天能处理小麦1500吨,有66名员工。刘永好非常惊讶,一个只有几十名员工的小厂,其工作效率竟如此之高。要知道,中国相同规模的企业一般日生产能力只有几百吨,但员工人数却高达上百人。虽然,刘永好带领的新希望集团的生产效率已经高于国内同行业标准,但他的工厂有七八十名员工,日生产能力却仅有250吨,是韩国工厂的1/6。

为了找到效率差距的原因,刘永好与这家工厂的管理层进行了深入交谈。他了解到,这家企业曾经在中国投资办厂,地址在内蒙古乌兰浩特市。当时工厂的日处理能力为250吨,员工人数却高达155人。同样的投资人,设在中国的工厂与韩国本土的工厂的生产效率居然相差10倍之遥,效益自然也不会太理想,磨合了一段时间,投资方觉得没有改善的可能性,就将工厂关闭了。

为什么效率会有这么大的差距?要知道,这家企业的韩国本土工厂是20世纪80年代投入生产的,而内蒙古的合资厂却是在20世纪90年代建起来的,其设备比原厂还要先进。如果说是管理模式的原因,显然也不可能,因为内蒙古工厂的主要管理层基本都是韩国人。

刘永好找到了这家工厂的厂长,虚心请教:"为什么同样的设备、同样的管理,设在中国的工厂却需要雇用那么多人呢?"那位厂长回答得很含蓄:"也许是中国人做事不到位吧。"简单的回答,却在刘永好心里掀起了翻天巨浪。他知道,当着一位中国企业家的面,那位厂长的话已经是十分客气了。在这句平淡的话背后,一定有许多难言之隐,一定有许许多多不为人知的管理问题。

案例分析

存在这种差距并非靠加强管理就能解决,管理人员可以告诉员工应该如何做,但却无法教会你干完这件事后还需要干其他的事,这种补位意识完全需要靠员工的自觉性。

把工作效率的差距归结为员工缺乏补位意识,其实并不客观,那位韩国厂长所说的"中国人做事不到位"应该也不是这个意思。因为补位意识意味着每个人的职责不清晰,而一旦职责不清晰,工作中的越位和跨位执行现象就会不断出现,从而导致管理的混乱,进一步降低了工作效率。

真正能够解释中国人做事不到位的答案只有一个,那就是我们都不喜欢按流程执行。按流程执行不仅可以提升员工的工作效率,还是提升企业效益的关键。因为流程是规范做事的程序,规范做事才可能提高效率,并给企业带来竞争力。如果不按流程执行,某个人的工作效率可能会得到提升,但是企业整体的工作效率会被削弱。因为企业是一个系统,而流程就是维持这个系统正常运转的程序。一旦流程得不到执行,系统也就得不到维护,企业势必会陷入管理混乱的状态。

(四) 计划控制

1. 概念

计划控制是按照计划的标准衡量计划执行情况和纠正计划执行中的偏差,以确保实现计划目标。

2. 计划与控制的关系

计划与控制两者相辅相成,互为条件,控制为计划的实现提供保证,计划为控制提供标准。

3. 经营计划控制的任务

经营计划控制的基本任务是发现偏差、分析偏差和纠正偏差。

(1) 发现偏差是在经营计划执行过程中通过形式多样的方法和手段分析计划的执行情况,以便发现计划执行中存在的问题和偏差。

(2) 分析偏差是在经营计划执行过程中针对出现的问题和偏差进行研究,找出问题和偏差存在的原因,以便采取针对性的措施。

(3) 纠正偏差是根据偏差产生的原因采取针对性的对策,使企业生产经营活动能按既定的经营计划进行,或通过修改经营计划,使其能继续指导企业生产经营活动。

4. 经营计划控制的步骤

(1) 确立标准。企业经营计划的指标、技术要求、各种技术经济定额等,都是检查计划执行情况的标准。

(2) 测定执行结果。可以通过统计报表和原始记录等资料来测定经营计划的执行结果。资料越准确、越完整,测定的结果就越准确,就越能反映出计划执行的实际状况。

(3) 比较执行结果。将测定的执行结果与预期目标进行比较、分析。比较分析的目的是看执行结果是否与预期目标发生偏差。

(4) 纠正偏差。采取措施使经营计划的执行结果接近预期目标或修正预期目标。

小蓝鲸美食公司的连锁发展之路

武汉小蓝鲸健康美食公司是在改革开放中诞生的以经营中式健康餐饮为特色的转型私营企业,近几年通过连锁的形式向外扩展,相继开办了六家分店,并与武汉搪瓷总厂"联姻",建成了武汉最大的美食广场——小蓝鲸美食广场,成为武汉私营餐饮业的排头兵和利税大户,先后获得了"湖北风味名店""光彩之星企业""国家一级酒家"等称号,现有员工400多人。在短短的时间里,"小蓝鲸"迅速地发展壮大,令人刮目相看。

一、冲出"家庭作坊",走上连锁之路

"小蓝鲸"的创始人刘国梁是武汉市黄陂区人,自幼家境贫寒。1984年初,他在家乡学会了炸油条，半年后，一位亲戚介绍他到汉口一家餐馆打工，学红案。1987年，他用打工挣来的钱开了一家名为"小南京"的餐馆，开始了艰辛的创业之路。

几年下来，凭着全家的勤扒苦做和精打细算，有了一些积蓄。可一直不甘被命运摆布的刘国梁不仅没有陶醉于甜蜜的"小业主"生活，反而被市场的变化"撩拨"得躁动不安。武汉餐馆越来越多，"吃饭难时代"的高额利润日益远去。粤菜北上，川菜东进，江浙菜西移，各路大军逐鹿武汉，先知先觉者已经提升了餐馆的档次、规模，相比之下，"小南京"日显寒酸。一种新的危机感在刘国梁心中浮现。他提出把家中的积蓄拿出来购置大门面，加入新一轮餐饮业竞争中，遭到家中主要成员的坚决反对，他们宁愿用这笔钱盖房子。刘国梁意识到，如果不冲出小富即安的家庭作坊，新的梦想永远不可能实现。1993年下半年，在家人"胳膊肘往外拐""败家子"的反对声中，刘国梁把"小南京"从个体餐馆变成了私营企业。他贷款和几个朋友合伙办起了"武汉北斗星娱乐发展公司"，1993年9月28日，公司下属"小南京美食城"正式开业，成为周边规模最大、档次最高的大众消费酒楼，一时食客如云。

由于经营有方，"小南京"在武汉的餐饮业中开始崭露头角，小有名气。与此同时，相应的市场竞争更加激烈，刘国梁意识到餐饮业发展到今天，走规模化和集团化道路是大势所趋。同零售业一样，现代餐饮业也进入了微利时代，经营毛利普遍从原来的60%降到现在的30%左右。早几年开餐馆，小店也可赚钱，被有些人当作一条聚财之道。如今就不同了，三四家店才抵得上以前一二家店的利润，拼的是实力和内部管理，靠的是薄利多销。

同时受到"麦当劳"和"肯德基"的启发，"小南京"开始走连锁扩张之路。在连锁扩张的过程中，"小南京"改名"小蓝鲸"，"小蓝鲸"一开始就与众不同，始终坚持"以质为本"。面对众多要求加盟的合作者，公司坚持"成熟一家，发展一家"的原则，不盲目扩张，总是选择开店地址佳，有良好的信誉、较强的实力和经营能力的人为合作伙伴。所以，虽然其旗下只有六家分店，可每家分店的规模都不小，合起来有400多张桌位。

二、加强内部管理，重视人才培养

当企业发展到一定阶段，完全依靠家族成员会限制企业发展，应当用现代管理的利剑斩断亲情的葛藤，向西方的理性管理学习。公司从企业内部进行改革，探索先进的管理模式，使管理走出"无序"的误区。首先将不合公司管理要求的"家人"清理下岗，不允许他们"参政议政"，然后各连锁分店实行总经理负责的分权管理模式，逐步使企业走向自主经营、自负盈亏的一种新的企业经济形态。

管理出效益，管理是创新，是控制，是系统。几年来，公司在实践中摸索出了体现"小蓝鲸"个性的管理经验，即以信息为导向，跟着明天的市场走；以企业管理为中心，向管理要效益；以提高菜肴质量为重点，把质量信誉作为企业的生命线；以增加经济效益为目的，以品牌的经营、扩张为动力。现实为"小蓝鲸"创造的公式"开发效益+增值效益+调剂效益+合力效益+舆论效益=高效益"做了圆满的注解。"小蓝鲸"靠"99+1=0"管理理念增强了市场竞争力，提高了市场占有率，也取得了较好的社会声誉和经济效益。"99+1=0"管理理念的核心是"零缺点""零起点"和"零突破"管理模式，将零起点的管理思想引申到公司内部的各项管理工作上，即在取得一次优秀成绩之后就必须从零开始，年年有创新和突破。根据市场需求调整菜肴品种结构，提高产品质量、管理水平和服务水平，提高顾客的忠诚度，增强企业的美誉度。如今，"小蓝鲸"从老板现场指挥,一人说了算的"人治"作坊,走上了制度说了算的"法治"道路。

公司决策层认为:"人才是企业可流动的固定资产。"因而公司求贤若渴,确立了"以人为本"的人资理念,即五湖四海,唯才是举,无功是过,能上庸下,不排资历。先后采取各种形式培训员工达1800多人次,培训中层管理干部达600人次;每个岗位都是竞争上岗,对所有干部都以实绩论英雄。对表现不俗的员工,每年都选送十名到大专院校深造。"小蓝鲸"发展的内在动力变成一种事业的感召力,吸引着志同道合者聚集到公司麾下。管理干部不少来自党政机关,员工中大专文化程度达40多人。正是靠企业文化理念聚集起来的众多人才,"小蓝鲸"才不断引进高科技,成为武汉地区最大的私营餐饮企业。

三、建设企业文化,树立企业形象

提起"小蓝鲸",很少看到其商业广告,但在社会公众中却享有较高的知名度和美誉度,原因就在于"小蓝鲸"已将人们带入了一个"食文化"气息浓郁的氛围。"小蓝鲸"每月花数万元办了两份报刊,一份为《美食新潮》,主要是传播健康美食知识,定期送给所有老顾客和其他消费者。另一份为《小蓝鲸人》,主要介绍企业内部的各类英才,营造一种企业文化氛围,增强企业内部凝聚力,充分调动每个职工的积极性和创造性。同时公司投资20多万元,组织武汉军事经济学院、武汉食品研究所等单位,开发出了《小蓝鲸健康饮食导向系统》软件。凡在"小蓝鲸"进餐的顾客,在咨询卡上填写个人状况,如姓名、性别、年龄、身高、体重、血型、职业、既往病史等,服务小姐再将咨询卡上的情况输入电脑,计算机通过分析,在一分半钟时间内,就将被"测试"顾客的体重状况评价、体质指数的营养状况评价、建议每天应由膳食供给营养需要量、可供选择的食品参考品种与数量、家庭参考食谱等显示出来,对患有疾病或处于亚健康状态的顾客还提供食疗方剂。"电脑导吃"的开发和应用,为"小蓝鲸"品牌注入了科技含量,为日后实施品牌战略,进行连锁经营打下了坚实的基础,也充分体现了"吃出健康""饮食讲科学、营养示均衡"的企业文化。

为了进一步提升企业形象,"小蓝鲸"充分运用公关手段宣传企业。公司除每年向国家缴纳130多万税款外,还将企业利润最大限度地回报给社会,1998年武汉遇到百年不遇的大洪水,公司不仅将"龟甲汤"送到防洪前线慰问抗洪大军,而且还捐款20万元支援防汛。公司热爱助残事业,每年向市残联捐款2万元。此外,公司时刻关注饮食业的热点问题,组织学者、政府官员进行研讨,利用名人效应,制造新闻,扩大影响,提高企业的知名度。如1996年11月24日,"小蓝鲸"召开了首届20世纪饮食新导向学术研讨会,来自全省高校和科研机构的营养学专家、教授聚首"小蓝鲸",论证了由"小蓝鲸"首倡的"饮食新导向"的科学性和可行性,在社会上产生了强烈反响。1999年3月25日,"小蓝鲸"又组织承办了"99振兴鄂菜跨世纪研讨会",为鄂菜走出困境,走向全国,尽了自己的一份努力。

问题:

1. "小蓝鲸"公司是怎样走上连锁之路的?
2. "小蓝鲸"公司是怎样开办分店的?
3. "小蓝鲸"公司在企业管理上有什么特色?
4. "小蓝鲸"企业文化的内涵是什么?具体是怎样实施的?

▶ 我的目标和行动

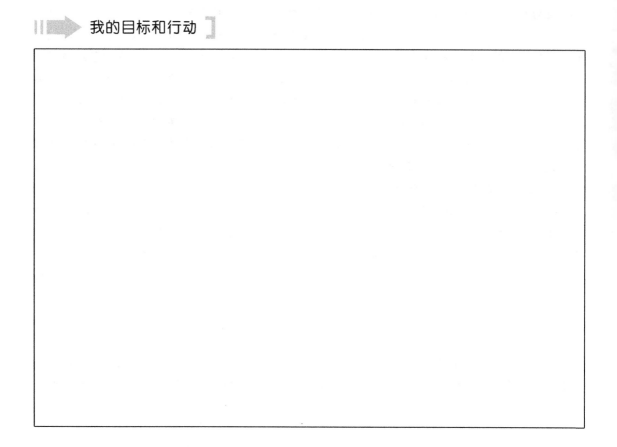

第四节 创新力量：找不同，才能活下去

吉利汽车的战略新思维

浙江吉利控股集团始建于1986年，1997年进入汽车领域，多年来专注实业，专注技术创新和人才培养，取得了快速发展，现资产总值超过2000亿元。在2017年度《财富》杂志世界500强排行榜中，浙江吉利控股集团以314.298亿美元的营收位列第343位。自2012年首次进入榜单以来，吉利控股集团连续六年进入世界500强，连续十四年进入中国企业500强，被评为国家"创新型企业"和"国家汽车整车出口基地企业"。

"吉利的成功，就在于创新。"总经理安聪慧介绍说，"吉利"始终有一个美好的追求，就是打造全世界最好的汽车工厂，造最安全、最环保、最节能的汽车，让吉利汽车走向全世界。但公司起点低，又面对跨国公司的技术封锁和市场垄断，这就决定了"吉利"必须通过创新，为自己开创出一片新天地。

吉利控股集团与中国电信签署战略合作框架协议，双方携手不仅将为未来智能汽车、智慧出行的关键问题提供解决路径，还有望成为构建智慧立体化生态出行的重要支点，加快吉利控股集团向全球创新型科技企业转型。周五,陈先生乘坐吉利自动驾驶汽车从杭州出发,返回上海。在两个多小时的车程中,身处车内的陈先生已经通过车家互联网系统,和上海的家人一起观看了一部精彩的电影。周六一早,在一家去周边游玩出发前,陈先生的爱车已经根据他在手机app上选择的景区,准备好了导航线路。

吉利控股集团和中国电信的战略合作内容中,围绕车家互联网、云计算和大数据、5G和V2X、边缘计算方面的合作尤为关键。通过合作有望实现数据互通、大数据、自动驾驶可靠性三大优势。

在车家互联网方面,双方将充分利用各自优势,通过提供号段和优惠资费,建立一账通用户体系,共同探索车机屏幕、手机屏幕和家庭屏幕的三屏互动新体验等途径,共同推进新一代车家互联场景下创新技术的使用和商业运营。

在云计算和大数据方面,双方通过大数据技术、应用、市场等资源的紧密合作,共同探索大数据在车家领域的应用与实践。近年来,车企纷纷加快向出行服务提供商转型,因此对大数据应用的需求尤为迫切。未来,得到云计算与海量大数据支持的吉利,能够向喜爱旅行的用户精准地提供更加贴心便捷的餐饮住宿预订、出游保险等一站式出行体验。

而在5G、V2X和边缘计算领域方面,双方将合作打造基于中国电信5G和4G基础网络的车联网与自动驾驶测试验证环境,并与V2X组网技术相互融合,使用边缘计算技术尝试高精度导航、自动驾驶环境感知等多项应用的优化提升。

全球知名自动驾驶芯片制造商英飞凌旗下硅谷汽车创新中心负责人此前表示,结合边缘计算技术将使自动驾驶更加准确,从而提高系统可靠性。自动驾驶涉及人与车、车与车、车与交通设施等方面的数据量大,对计算传输速度要求高。中国电信基站通过的边缘计算速度,相比云端速度具低延时优势,这意味着自动驾驶车辆配备了能更快、更准确地判断道路状况的"大脑",以及根据判断能敏捷做出刹车、转向等动作的"手脚"。

(案例来源:https://baike.baidu.com/item/%E5%90%89%E5%88%A9/4902271?fromtitle=%E5%90%89%E5%88%A9%E6%B1%BD%E8%BD%A6&fromid=216408&fr=aladdin)

案例分析

继以智能手机为载体的移动互联时代之后,以5G技术为牵引的物联网被认为是下一个流量风口,其中能实现智能化交通管理、智能动态信息服务和车辆智能化控制的车联网,外界普遍认为将是物联网里最先落地的分支。

针对智能汽车生态、自动驾驶等车联网领域,吉利已经未雨绸缪。2017年,吉利汽车发布了技术品牌INTEC,包含智能驾驶、智能互联等五大技术板块。围绕智能汽车生态领域,2018年3月吉利正式发布吉客智能生态系统(GKUI),聚焦用户每天在车内的一小时,为车主带来极致舒适的智能出行生活,在自动驾驶方面,吉利已在宁波开发自动驾驶试验场,主要用于ADAS或自动驾驶技术的相关测试。根据规划,2020年后,吉利将开始推出应用L3技术的全新产品;2024年后,计划内部运用L4全智能自动化驾驶;到2025年实现无人因驾乘新款吉利汽车而导致重伤或死亡的目标。

值得注意的是,在车联网架构中,通信运营商为车机与服务平台的通信提供了底层支持,成为车载终端与车载信息服务商之间传递信息的通道。尤其是具备极低的时延、超大范围的覆盖、超高的网络承载力的5G,可谓是车联网的最佳拍档,这就促使了电信运营商成为产业链的天然参与者。

中国电信5G业务进展,无疑是吉利选择与之携手的重要原因。随着2017年12月兰州5G基站开通,中国电信所申请的六个5G试点城市已经全部开通试验,标志其5G试点工作已经迈上一个新台阶。2018年9月,中国电信5G联合开放实验室建成首个运营商自主掌控开放平台的5G模型网,正式启动5G SA(独立组网)测试。这是2018年6月3GPP发布首个SA标准版本后,业界首个运营商组织的基于开源技术、分层解耦全开放架构的5G技术验证,标志着5G SA标准步入实质产品。

事实上,在构建智能汽车生态的道路上,吉利并不孤单。2018年10月,吉利宣布将与高通展开更紧密的战略合作,双方将围绕5G、智能网联等领域携手探索,其中搭载最新一代高通骁龙820A芯片的吉利新车型预计将于2019年正式推向市场。

目前,吉利已与腾讯、百度、京东、网易、科大讯飞等数十家互联网及科技企业,围绕构建未来智能汽车及智慧出行生活展开合作。对此,吉利控股集团董事长李书福坦言,各自为战、单打独斗的交通时代已经过去,交通出行领域需要合作,需要不断累积基础数据,不断突破技术瓶颈,不断培养研发人才,不断提高研发能力,不断实践总结与优化系统规划,形成线上线下两方面的优势。

车联网只是吉利布局未来大交通、大出行产业的冰山一角。近年来,吉利已加快在汽车"四化"技术、工业互联网、线上数字科技、车载芯片、低轨卫星和通信技术等方面加快布局。通过自身业务布局和协同战略合作伙伴,吉利主导构建的智慧立体化出行生态已现雏形。

2017年11月,吉利控股集团收购专注于飞行汽车的设计与制造的美国Terrafugia公司全部业务及资产。目前,太力飞车开始第一款产品Transition的预订工作,首批用户将主要针对美国市场。2018年9月,集自动驾驶、电动化、智能互联与安全于一体的沃尔沃全新360c自动驾驶概念车全球首发。

坚信未来出行将是线上与线下、软件和硬件结合体的吉利,还在共享出行领域频频出手。此前,吉利控股集团已在中国本土市场推出了"曹操专车"出行服务,在全国28个城市投放超过2.9万台纯电动汽车,注册用户超过1700万,app应用端日均活跃用户超过100万,每日实际成交量超36万单。2018年10月,戴姆勒出行服务与吉利集团(新业务)有限公司宣布,双方将在国内组建合资公司,提供高端专车出行服务。

同时,吉利还致力于打造融合铁路网、互联网,组建智慧立体化出行生态。2018年5月,吉利携手腾讯、中铁总公司成立国铁吉讯科技有限公司。新公司将从为旅客提供动车Wi-Fi为入口,逐步打造整个铁路增值服务云平台,让每一位旅客都能享受一体化、线上线下协同的一站式智慧便捷出行服务。2018年11月,吉利控股集团与航天科工集团签署战略合作协议,将在高速飞行列车、工业互联网等领域重大项目合作。

与中国电信的合作不只是吉利智慧立体化出行生态的一部分。一方面,通过与中国电信战略合作,吉利连接的用户量级也有望升级到千万级甚至上亿,对于旨在打造平台经济的吉利来说,可谓如虎添翼。另一方面,立足实体经济的吉利控股集团,未来将依托工业互联等技术手段,实现智能化、数字化升级。借助与中国电信的战略合作,吉利的智能制造、智能服务和智能运营将在基础架构上得到有力支持。通过上述两方面的同步推进,将帮助吉利加快转型升级的步伐。

"二十一世纪是科技革命、产业变革、商业重塑的世纪,是体制创新、跨界融合、资源共享、强强联合、互为中心、平等共赢的世纪,在交通领域,轻量化、智能化、电动化和共享互惠是大势所趋,顺应行业变革的潮流,提升用户交通体验水平,实现行业可持续发展,是吉利的努力方向。"李书福强调。

构建智慧立体化出行生态,吉利控股集团加快向全球创新型科技企业转型的步伐。

关键词:差异化、细分

现如今已经不再是以早期的科技、生产就可以改变消费者需要的时代,即使有真正的新产品上市,也很快会被模仿,正因如此,市场的成长不再那么迅速,企业想要成长就必须吸引消费者。广告研究者史提芬·金提出,管理者最好致力于产出"特别"的产品,使产品具有"特定族群"的附加价值,若能拥有越多附加价值就越能满足消费者的需要。这个特别的产品,就是差异化产品,这个特定族群,就是细分的目标消费者,产生两者的共同原因就是差异化。这一理论对于互联网产品同样适用,"与众不同"是不被市场淘汰的最简单方法。

现在,互联网飞速发展,企业认识到其中的商机与发展的必然趋势,各类 app 如雨后春笋般一批批的冒出来,然而 app 的同质化现象也越来越严重,这逼迫 app 朝垂直细分的方向发展。如何在千篇一律的 app 当中脱颖而出成了诸多企业都关注的问题,定制化成本太高,模板化又过于死板,难以满足垂直细分领域的要求。对此,优创 Apps 提出了解决办法,将 app 功能模块化,根据用户的需求,由用户自己动手完成一款 app 的开发与制作。

不需要任何编程基础,优创 Apps 完全"0 代码"积木式搭建,推广展示、商城运营、餐饮运营、缴费支付、客户服务、营销活动、Erp 管理、OA 管理八大功能组块无限制自由选择,可以满足各行各业的推广、运营、管理、销售需求。用户完全可以按照行业的实际需求打造专属 app,也可以增添附加价值,让 app 拥有与众不同的功能构成。

优创 Apps 制作生成一款 app 仅需 20 分钟,能够一键生成 iOS、Android 两套系统,并且生成的 app 大小仅有 5~7M,成本也仅为定制开发的 5%。优创 Apps 生成的 app 不仅可以区分于同行业竞争者,其自定义功能也让页面设计千变万化,表现产品和服务的独特个性。

值得注意的是,很多 app 较为注重眼前利益,并不重视后期对用户的维护以及功能的更新和改善,而优创 Apps 平台提供后续免费升级服务,功能的更新迭代都可以在后台完成,既不影响前端运营也可防止数据丢失。市场沉浮,只有找到产品的不同点,才能继续生存下去。

要创新,你不能只有伟大的想法

创新包括以下 6 个基本步骤。

找出问题。一个成功的创新项目不仅要给出有效的解决方案,还要找出问题。公司可以采取以下四个步骤来找出问题:收集和组织现有信息,重新构建并问为什么,设定期望值,想象应该是什么样子的。

找到适合自己的流程。找到一个流程来分享、识别和挑选伟大的想法,这会让创新成为一种可重复的实践。浏览那些您可以选择的流程,找出其中最适合自己公司和创新项目的那一个。

　　让其他人参与进来。员工参与、开放式创新——在未来,创新思维要求您吸收周围的集体智慧。但是您如何让人们分享他们的想法?如何让他们在他人想法的基础上进一步发展自己的想法?可以采取怎样的激励措施鼓励他们的参与?

　　打造团队,把想法转化成项目。若要把伟大的想法变成伟大的项目,很重要的一点是组建一个能善始善终的团队。他们需要改进想法,做研究,寻找合作者等。

　　评估和挑出最好的想法。您的公司有很多伟大的想法,但是您只会实践那些最好、最符合公司目标的想法。因此,您需要找到一个流程来帮助您评估想法,从而找出投资回报率最高的那些想法。

　　实施想法。这是最重要的一步,如果不实施,那就无从谈创新。为了实施想法,您需要买进、组织盟友,整合资源。

我的目标和行动